토기장이

"우리는 진흙이요 주는 토기장이시니
우리는 다 주의 손으로 지으신 것이라"(이사야 64:8)

주기도문은 하나님의 마음입니다

주기도문은 하나님의 마음입니다

강준민 지음

도서출판 **토기장이**

서문

주기도문은 기도의 샘입니다

　주기도문은 예수님이 가르쳐 주신 기도입니다. 그래서 주기도문은 기도 중의 기도입니다. 기도는 하나님의 아이디어입니다. 기도를 배우면서 가장 놀라운 사실은 하나님도 기도하신다는 사실입니다. 성자 예수님이 기도하시고 롬 8:34 성령 하나님이 기도하십니다 롬 8:26. 하나님은 우리를 기도의 세계로 초청하십니다. 그것은 하나님과의 교제에로의 놀라운 초청입니다. 우리는 기도를 통해 하나님과 친밀한 교제 속으로 들어가게 됩니다. 기도를 통해 성삼위 하나님의 대화를 엿듣게 됩니다. 기도는 우리를 아주 차원 높은 영적 세계로 이끌어 줍니다.

　기도는 하나님의 마음입니다. 하나님의 원리입니다. 천국의 통치 방법입니다. 하나님은 기도로 세계를 움직이십니다. 사람들의 마음을 움직이십니다. 천사를 움직이십니다. 기도는 천국 열쇠입니다. 기도의 열쇠를 통해 하늘이 열립니다. 매인 것이 풀리고 닫힌 문이 열립니다. 죽은 자가 살아나고 병든 자가 고침을 받습니다. 난관을 돌파하게 됩니다.

하나님은 예수님을 믿는 모든 사람에게 차별 없이 기도의 권세를 허락하셨습니다. 그래서 누구나 기도할 수 있습니다. 언제나 할 수 있고 어디서나 할 수 있습니다. 하지만 기도의 세계를 모두 이해할 수는 없습니다. 왜냐하면 그 세계는 신비의 세계요, 초월적인 세계요, 영의 세계인 까닭입니다. 기도의 세계는 하나님의 존재만큼 깊고 오묘하며 신비합니다. 우리가 하나님을 모두 이해할 수 없는 것처럼 기도의 세계도 다 이해할 수 없습니다.

우리가 이해할 수 있는 기도의 세계는 오직 하나님의 말씀에 근거합니다. 하나님이 말씀을 통해 계시해 주시는 범위 안에서 우리는 기도를 이해할 수 있습니다. 어떤 기도도 말씀을 벗어나서는 안 됩니다. 우리는 말씀 안에서 기도하고, 약속의 말씀을 붙잡고 기도하고, 약속의 말씀을 따라 기도해야 합니다요 15:7. 말씀 안에서 드리는 기도가 가장 안전하고 가장 건강한 기도입니다. 성경적인 기도는 성령님 안에서 말씀을 통해 예수님의 이름으로 하나님 아버지께 드리는 기도입니다.

기도를 가장 잘 아시는 분은 예수님입니다. 왜냐하면 예수님은 하나님 아버지와 성령님과 더불어 기도를 창시하신 분이기 때문입니다. 예수님은 이 땅에 오셔서 기도의 삶을 사셨습니다. 기도의 모범을 보여 주셨습니다. 예수님은 새벽에 기도하셨습니다막 1:35. 밤을 지새우며 기도하셨습니다눅 6:12. 금식하며 기도하셨습니다마 4:2. 통곡하며 기도하셨습니다히 5:7. 피땀 흘려 기도하셨습니다눅 22:44. 변화 산에 올라가 기도하셨습니다마 17:1-2. 습관을 좇아 겟세마네 동산에 가서서 기도하셨습니다눅 22:39.

제자들이 예수님과 동행하면서 받은 가장 큰 충격은 예수님의 기도 생활이었습니다. 그런 까닭에 제자들은 예수님께 기도를 가르쳐 달라고 부탁했습니다눅 11:1. 제자들은 예수님께 설교하는 법을 가르쳐 달라고 부탁하지 않았습니다. 사람들과 소통을 잘하는 법을 가르쳐 달라고도 부탁하지 않았습니다. 다만 기도하는 법을 가르쳐 달라고 간구했습니다.

기도는 배워야 합니다. 중요한 것은 누구에게 배우느냐에 있습니다. 예수님을 믿는 순간 우리는 기도학교에 입학해서 기도를 배우게 됩니다. 성경에는 기도의 모범이 많이 나옵니다. 우리는 성경에 나오는 여러 기도의 모범을 통해 기도를 배울 수 있습니다. 그 중에서도 예수님이 가르쳐 주신 주기도문은 기도의 모범 가운데 으뜸입니다. 누구보다 예수님을 통해 기도를 배우는 것은 최고의 특권입니다.

예수님이 가르쳐 주신 주기도문은 우리가 깊이 묵상하고 음미해야 하는 기도문입니다. 주기도문 속에는 예수님의 기도의 원리와 지혜와 방법이 담겨 있습니다. 누구에게 기도해야 하는지, 왜 기도해야 하는지, 무엇을 위해 기도해야 하는지, 어떻게 구체적으로 기도해야 하는지가 담겨 있습니다. 우리는 주기도문을 통해 하나님을 만나고 사람을 만납니다. 하나님이 기뻐하시는 뜻을 만나고 사람이 필요로 하는 것을 만납니다.

주기도문은 기도의 깊은 샘과 같습니다. 깊은 샘에서 솟구쳐 올라오는 생수는 맑습니다. 주기도문은 우리를 깊은 기도의 세계로, 깊은 내면의 생수의 샘으로 인도합니다. 주기도문은 기도의 대양과 같습니다. 중국 어느 현인의 말처럼 바다는 가장 낮은 곳에서 모든 시내와 강을 품습니다. 주기도문은 바다와 같아서 가장 낮은 곳에서 성경에 나오는 모든 기도를 품습니다. 또한 주기도문은 높은 산과 같습니다. 기본에 충실하면서도 그 높이는 고봉高捧과 같습니다. 하지만 주기도문의 기도는 겸손한 기도입니다. 그래서 높은 산이지만 땅 속에 자신을 감춘 높은 산과 같습니다.

주기도문은 균형 잡힌 기도입니다. 전반부는 하나님을 향한 기도입니다. 하나님의 이름을 높이는 기도입니다. 하나님의 나라가 임하길 소원하는 기도입니다. 하나님의 뜻이 이루어지길 간구하는 기도입니다. 그리고 후반부는 사람들의 필요를 채워주는 기도입니다. 일용할 양식을 구하는 기도입니다. 용서받고 용서하는 기도입니다. 시험에 들지 않도록 드리는 기도입니다. 악에서 구원해 주시길 간구하는 기도입니다. 그리고 모든 나라와 권세와 영광을 하나님께 드림으로 결론을 맺는 기도입니다.

주기도문은 기도의 교과서와 같습니다. 짧지만 그 내용의 깊이는 측량할 수 없으며 신구약 전체와 연결되어 있습니다. 우리는 주기도문을 통해 기도하는 법을 배울 뿐 아니라 복음적 교리의 핵심을 함께 배울 수 있습니다. 그래서 주기도문은 믿는 모든 사람에게 보배와도 같습니다.

주기도문에 담긴 기도의 진리를 깊이 깨닫기 위해서는 성령님의 도우심을 지속적으로 받아야 합니다. 성령님은 탁월한 기도의 교사이십니다. 지혜와 계시의 영이십니다. 간구의 영이십니다. 중보의 영이십니다. 우리 안에 기도하고 싶은 갈망을 일으켜 주는 분이십니다. 그런 까닭에 우리는 성령님과 더불어 기도해야 합니다.

이 책은 기도의 기본을 배우기 원하는 분들을 위해 준비했습니다. 거듭 기도의 기본을 다지기 원하는 분들을 위해 준비했습니다. 또한 이 책은 기도의 깊이를 더하기 원하는 분들을 위해 준비했습니다. 건강하고 균형 잡힌 기도 생활을 원하는 분들을 위해 준비했습니다.

이 책이 출판되도록 정성을 다해 섬겨 주신 조애신 대표님과 토기장이 가족들께 감사드립니다. 또한 부족한 종이 쓴 책을 아껴 주시고 사랑해 주시는 독자 한 분 한 분께 감사드리고 싶습니다. 끝으로 기도의 열쇠를 선물로 주시고 기도의 사람으로 만들어 주신 하나님께 모든 감사와 영광을 올려 드립니다.

로스앤젤레스에서 강준민 드림

차례

서문

Chapter 1 예수님이 가르쳐 주신 기도 　　　　　　　　　　　　13
　　　　　주기도문은 기도를 배우는 가장 좋은 기도입니다

Chapter 2 하나님 아버지께 드리는 기도 　　　　　　　　　　　43
　　　　　주기도문은 자녀의 권세가 회복되는 기도입니다

Chapter 3 하나님의 이름을 존귀케 하는 기도 　　　　　　　　　73
　　　　　주기도문은 하나님의 이름을 경험하는 기도입니다

Chapter 4 하나님의 나라가 임하도록 드리는 기도 　　　　　　　101
　　　　　주기도문은 하나님의 통치가 임하는 기도입니다

Chapter 5 하나님의 뜻이 이루어지길 위해 드리는 기도 　　　　131
　　　　　주기도문은 내 뜻을 내려놓는 기도입니다

Chapter 6 일용할 양식을 위해 드리는 기도 159
   주기도문은 영혼육을 강건케 하는 기도입니다

Chapter 7 용서를 위해 드리는 기도 187
   주기도문은 매인 것이 풀리는 기도입니다

Chapter 8 시험에 들지 않기 위해 드리는 기도 215
   주기도문은 유혹을 물리치는 기도입니다

Chapter 9 악에서 구해 주시도록 드리는 기도 245
   주기도문은 선으로 악을 이기는 기도입니다

Chapter 10 하나님의 영광을 위해 드리는 기도 273
   주기도문은 모든 초점을 하나님께 맞추는 기도입니다

| 예수님이 가르쳐 주신 기도 |

Chapter 1

주기도문은 기도를 배우는 가장 좋은 기도입니다

눅 11:1-4
예수께서 한 곳에서 기도하시고 마치시매 제자 중 하나가 여짜오되 주여 요한이 자기 제자들에게 기도를 가르친 것과 같이 우리에게도 가르쳐 주옵소서 예수께서 이르시되 너희는 기도할 때에 이렇게 하라 아버지여 이름이 거룩히 여김을 받으시오며 나라가 임하시오며 우리에게 날마다 일용할 양식을 주시옵고 우리가 우리에게 죄 지은 모든 사람을 용서하오니 우리 죄도 사하여 주시옵고 우리를 시험에 들게 하지 마시옵소서 하라

주기도문은
하나님의
마음입니다

◇◇◇◇◇
기도하는 법을 배우는 것은
가장 고귀한 일입니다
◇◇◇◇◇

예수님을 영접하는 순간, 우리 안에는 예수님의 생명이 들어옵니다. 그리고 그분의 생명이 우리 안에 들어오면 우리는 기도를 드리게 됩니다. 또한 예수님을 영접하는 순간, 성령님도 우리 안에 들어오십니다. 성령님은 기도의 영이시며 우리 안에 기도에 대한 갈망을 불어넣어 주십니다.

저는 고등학교 때 예수님을 영접한 후에 기도하는 법을 배웠고, 수많은 기도의 응답을 받았습니다. 그래서 지금도 날마다 기도를 드립니다. 하지만 기도의 세계는 신비로워서 그 배움에는 끝이 없습니다.

기도하는 법을 배우는 것처럼 소중한 일은 없습니다. 예수님의 제자들도 그분께 '기도'를 배우고 싶었습니다. 하루는 예수님이 기도를 마치셨을 때, 제자 중 하나가 예수님께 기도를 가르쳐 달라고 부탁했습니다.

> "예수께서 한 곳에서 기도하시고 마치시매 제자 중 하나가 여짜오되 주여 요한이 자기 제자들에게 기도를 가르친 것과 같이 우리에게도 가르쳐 주옵소서"눅 11:1.

그때 예수님께서 가르쳐 주신 것이 주기도문입니다. 주기도문은 신약 성경 두 군데에 나오는데, 서로 비슷하면서도 조금 차이가 있습니다. 누가복음의 것이 마태복음의 주기도문에 비해 조금 더 단순합니다. 두 복음서에 나오는 주기도문을 먼저 살펴 보십시오.

> "예수께서 이르시되 너희는 기도할 때에 이렇게 하라 아버지여 이름이 거룩히 여김을 받으시오며 나라가 임하시오며 우리에게 날마다 일용할 양식을 주시옵고 우리가 우리에게 죄 지은 모든 사람을 용서하오니 우리 죄도 사하여 주시옵고 우리를 시험에 들게 하지 마시옵소서 하라"눅 11:2-4.

> "그러므로 너희는 이렇게 기도하라 하늘에 계신 우리 아버지여 이름이 거룩히 여김을 받으시오며 나라가 임하시오며 뜻이 하늘에서 이루어진 것 같이 땅에서도 이루어지이다 오늘 우리에게 일용할 양식을 주시옵고 우리가 우리에게 죄 지은 자를 사하여 준 것 같이 우

리 죄를 사하여 주시옵고 우리를 시험에 들게 하지 마시옵고 다만 악에서 구하시옵소서 (나라와 권세와 영광이 아버지께 영원히 있사옵나이다 아멘)"마 6:9-13.

저는 예수님을 믿고 주기도문과 사도신경, 그리고 십계명을 외웠습니다. 예배 시간에 가장 많이 암송하는 것이 주기도문과 사도신경이라 주기도문을 먼저 외웠습니다. 그러던 어느 날 신약 성경을 읽는 중에 주기도문이 성경에 기록되어 있는 것을 발견하고 매우 감격했습니다.

우리는 기도를 배워야 합니다. 앤드류 머레이는 이 사실을 다음과 같이 기록했습니다.

> 먼저 기도는 배워야 한다는 것입니다. 기도는 단순해서 어린아이라도 할 수 있지만, 또한 사람이 할 수 있는 가장 고귀하고 거룩한 일입니다. 보이지 않는 분, 그러나 가장 거룩한 존재와 사귀는 것이 기도입니다. 영원한 세계의 힘이 이 기도에 따라 우선순위가 달라집니다. 앤드류 머레이, 「앤드류 머레이의 기도」, 누가, 18쪽

기도는 누구나 할 수 있습니다. 그런데 생각보다 쉽지 않습니다. 앤드류 머레이의 고백을 더 들어 보십시오.

얼른 생각하면 세상에 기도처럼 간단한 일도 없을 것 같습니다. 그런데 이 간단한 일이 갈수록 배우지 않고는 제대로 할 수 없다고 느껴집니다. 그리고 나중에 가서는 세상에 이렇게 어려운 일도 달리 있을까 생각하게 됩니다. 정말 어떻게 기도해야 할지 모르겠다는 고백이 우리 입술에서 나올 수밖에 없습니다. 앤드류 머레이, 같은 책, 20쪽

우리도 제자들과 똑같은 간구를 예수님께 드리게 됩니다. "주여, 우리에게 기도를 가르쳐 주옵소서!" 예수님은 주기도문을 통해 우리에게 기도하는 법을 가르쳐 주길 원하십니다. 주기도문은 간단해 보이지만 그 속에 하늘의 비밀이 담겨 있습니다. 기도의 원리가 담겨 있습니다. 그래서 주기도문을 쉽게 읽고 암송할 수는 있어도 완전히 이해하고 실천하는 데는 시간이 걸립니다.

주기도문은 간단한 기도이지만 그 깊이는 하나님의 깊이요, 그 너비는 하나님의 너비입니다. 그런 까닭에 아주 단순하면서도 심오하고, 아주 짧으면서도 그 깊이를 쉽게 헤아릴 수가 없습니다. 그래서 우리는 주기도문을 배워야 합니다. 주기도문을 통해 기도의 대상과 기도의 내용과 기도하는 법을 배워야 합니다.

우리는 주기도문을 배우기 전에 주기도문을 주신 예수님의 기도 생활과 그분이 복음서에 남기신 기도에 관한 교훈을 먼저 배워야 합니다.

1. 예수님은 기도의 모범을 보이심으로 기도를 가르치셨습니다

무엇이든지 '누구에게 배우느냐'가 가장 중요합니다. 기도를 배우는 것도 마찬가지로 가장 훌륭한 스승에게 배워야 합니다. 그분이 바로 예수님이십니다. 하나님의 아들이시고, 하나님이신 예수님께서 친히 기도하심으로 기도의 모범을 보여 주셨습니다. 예수님은 제자들에게 설교하는 법은 가르치지 않으셨습니다. 그러나 기도하는 법은 가르치셨습니다. 왜냐하면 기도가 가장 중요하기 때문입니다. 기도하는 법을 배우면 설교하는 법을 저절로 배울 수 있기 때문입니다.

무엇을 배우든 모범을 통해 배우는 것이 가장 지혜롭습니다. 우리는 성경을 통해 예수님의 기도 생활을 배울 수 있습니다.

1) 예수님은 새벽기도의 모범을 보이셨습니다

"새벽 아직도 밝기 전에 예수께서 일어나 나가 한적한 곳으로 가사 거기서 기도하시더니"막 1:35.

예수님은 새벽에 기도하셨습니다. 아직 날이 밝기 전에 일어나 나가 한적한 곳으로 가서 기도하셨습니다. 예수님이 새벽에 기도하셨다는 것은 기도를 삶의 최우선 순위에 두셨다는 것을 의미합니다. 하나님을 만나 교제하고 하나님의 음성을 듣는 것을 우선순위에 두신 것입니다. 예수님은 긴급한 것보다 중요한 것을 먼저 행하셨습니다. 예수님의 생애에 가장 중요한 것은 기도였습니다. 예수님은 기도를 통해 하나님의 인도를 받으셨습니다. 새벽에 기도하심으로 하루를 계획하셨습니다. 마음의 고요함을 가꾸셨습니다. 하나님 아버지가 주시는 지혜와 능력을 공급받으셨습니다.

새벽은 하루의 첫 시간으로 가장 소중한 시간입니다. 하루의 첫 시간을, 그리고 가장 소중한 시간을 하나님께 드리는 것이 새벽기도입니다. 세상과 만나기 전에, 사람들의 말을 듣기 전에 먼저 하나님의 음성을 듣는 것이 새벽기도입니다. 하나님은 새벽에 우리를 도와주신다고 약속하셨습니다.

"하나님이 그 성 중에 계시매 성이 흔들리지 아니할 것이라 새벽에 하나님이 도우시리로다" 시 46:5.

하나님이 귀히 쓰신 인물들은 한결같이 새벽을 깨우며 기도했습니다. 새벽에 하나님의 도우심을 받았습니다. 새벽에 하나님의 도우심을 받는 사람은 하루를 힘 있게 살아갈 수 있습니다.

2) 예수님은 중요한 일을 위해 밤이 새도록 기도하는 모범을 보이셨습니다

"이때에 예수께서 기도하시러 산으로 가사 밤이 새도록 하나님께 기도하시고 밝으매 그 제자들을 부르사 그 중에서 열둘을 택하여 사도라 칭하셨으니" 눅 6:12-13.

예수님은 아주 중요한 일이 있을 때 밤이 새도록 기도하심으로 철야기도의 모범을 보이셨습니다. 예수님에게 있어 가장 중요한 것은 세계 복음화를 위해 제자들을 선택하는 일이었습니다. 동역자를 선택하는 일이었습니다.

사람을 선택하기 위해서는 분별력이 필요합니다. 그것은 우리의 미래를 선택하는 것과 같기 때문입니다. 예를 들어, 결혼할 사람을 선택한다는 것은 자신의 미래를 선택하는 것과 같습니다. 사람을 선택할 때 함부로 선택해서는 안 됩니다. 신중해야 합니다. 사람을 선택하고, 사람을 키우고, 사람을 남기는 것보다 더 소중한 일은 없습니다.

3) 예수님은 금식기도의 모범을 보이셨습니다

"그 때에 예수께서 성령에게 이끌리어 마귀에게 시험을 받으러 광야로 가사 사십 일을 밤낮으로 금식하신 후에 주리신지라" 마 4:1-2.

예수님은 공생애를 시작하시면서 먼저 사십 일을 밤낮으로 금식하며 기도하셨습니다. 그리고 그 금식기도를 통해 영적 전쟁에서 승리하셨습니다.

그러나 금식기도는 쉬운 것이 아닙니다. 음식이나 자신이 좋아하는 것을 일정 기간 동안 금하는 것이기 때문입니다. 음식은 우리 몸에 들어가면 피가 됩니다. 그런 면에서 금식한다는 것은 피를 하나님께 드리는 것과 같습니다. 그런 까닭에 하나님은 금식기도를 값지게 여기십니다.

성경을 읽어 보면 금식기도를 통해 어려운 난관을 돌파한 사건들을 찾아 볼 수가 있습니다. 에스더는 하나님이 기뻐하시는 금식을 통해 민족을 구원했습니다. 여호사밧은 금식기도를 통해 힘든 전쟁에서 승리했습니다.

또한 하나님이 기뻐하시는 금식은 결박을 풀어 줍니다.

> "내가 기뻐하는 금식은 흉악의 결박을 풀어 주며 멍에의 줄을 끌러 주며 압제 당하는 자를 자유하게 하며 모든 멍에를 꺾는 것이 아니겠느냐"사 58:6.

4) 예수님은 감사기도의 모범을 보이셨습니다

> "돌을 옮겨 놓으니 예수께서 눈을 들어 우러러 보시고 이르시되 아버지여 내 말을 들으신 것을 감사하나이다"요 11:41.

예수님은 기적을 일으키시기 전에 먼저 감사기도를 드리셨습니다. 요한복음 11장 41절에서 드린 감사기도는 죽은 나사로를 살리시기 전에 드린 기도입니다. 그 기도는 죽은 나사로를 다시 살렸습니다. 예수님은 오병이어의 기적을 일으키시기 전에도 먼저 감사기도를 드리셨습니다. 그러자 보리 떡 다섯 개와 물고기 두 마리가 남자만 오천 명,

어린아이와 어른을 포함하면 수만 명을 먹일 수 있을 만큼 풍성해졌습니다. 이렇듯 감사하면 작은 것이 커지고 풍성해집니다. 감사하면 죽은 것이 다시 살아납니다. 상실한 것이 다시 회복됩니다.

감사기도를 드려 보십시오. 감사는 우리의 눈을 열어 잃어버린 것보다 아직도 남아 있는 것을 보도록 도와줍니다. 우리와 함께 하시는 하나님을 보도록 도와줍니다. 감사하면 자족하게 됩니다. 감사하면 행복해집니다. 감사하면 하나님께서 감동을 받으십니다. 사람도 감동을 받습니다. 감사는 좋은 것을 끌어오는 자석과 같습니다. 감사하면 기적을 경험하게 됩니다.

5) 예수님은 순종을 위해 드리는 기도의 모범을 보이셨습니다

"그들을 떠나 돌 던질 만큼 가서 무릎을 꿇고 기도하여 이르시되 아버지여 만일 아버지의 뜻이거든 이 잔을 내게서 옮기시옵소서 그러나 내 원대로 마시옵고 아버지의 원대로 되기를 원하나이다 하시니 천사가 하늘로부터 예수께 나타나 힘을 더하더라" 눅 22:41-43.

예수님은 하나님 아버지의 뜻에 순종하시기 위해 겟세마네 동산에서 간절히 기도하셨습니다. 기도는 영적 전쟁입니다. 자신의 욕망을 정복하고 하나님의 뜻을 좇는 내적 전쟁입니다. 그래서 기도가 어려운 것입니다.

기도할 때, 우리는 순종할 수 있는 힘을 얻게 됩니다. 예수님은 기도를 통해 하나님께 죽기까지 복종하셨습니다. 순종은 구속의 비밀입니다. 사랑의 비밀입니다. 축복의 비밀입니다. 순종할 때, 순종의 영인 성령님이 역사하십니다. 반면에 불순종하면 불순종하는 사람들에게 역사하는 영, 즉 마귀가 역사하는 것을 보게 됩니다.

6) 예수님은 간절한 기도의 모범을 보이셨습니다

"예수께서 힘쓰고 애써 더욱 간절히 기도하시니 땀이 땅에 떨어지는 핏방울 같이 되더라" 눅 22:44.

예수님은 다양한 기도를 드리셨습니다. 때로는 침묵기도를 드리셨고 때로는 간절히 기도하셨습니다. 예수님의 기도의 특징은 간절함에 있습니다. 애절함에 있습니다. 예수님은 심한 통곡과 눈물로 기도를 드리셨습니다.

"그는 육체에 계실 때에 자기를 죽음에서 능히 구원하실 이에게 심한 통곡과 눈물로 간구와 소원을 올렸고 그의 경건하심으로 말미암아 들으심을 얻었느니라" 히 5:7.

우리는 인생에서 어려운 일을 만나게 됩니다. 우리 힘으로 도저히 감당할 수 없는 문제를 직면하게 됩니다. 우리의 지혜로 풀 수 없는 문제를 만나게 됩니다. 벼랑 끝에 서게 될 때가 있습니다. 모든 인간적인 도움이 사라지는 그때에 우리는 하나님께 나아가 간절히 눈물로 기도하게 됩니다. 하나님은 간절한 기도를 들으시고 응답하십니다.

7) 예수님은 중보기도의 모범을 보이셨습니다

예수님은 자신을 위해서가 아닌 제자들과 고통 받는 이웃을 위해 중보기도하셨습니다. 예수님은 멜기세덱의 반차로 오신 대제사장이십니다. 제사장의 중요한 임무는 중보기도입니다. 하나님을 섬기고 백성을 위해 중보기도를 드리는 것입니다. 예수님은 십자가를 지시기 전에 제자들을 위해 중보기도를 드리셨습니다.

"내가 비옵는 것은 그들을 세상에서 데려가시기를 위함이 아니요 다만 악에 빠지지 않게 보전하시기를 위함이니이다" 요 17:15.

특별히 십자가를 지시기 전에 예수님을 세 번이나 부인하게 될 시몬 베드로를 위해 중보기도를 드리셨습니다.

"시몬아, 시몬아, 보라 사탄이 너희를 밀 까부르듯 하려고 요구하였으나 그러나 내가 너를 위하여 네 믿음이 떨어지지 않기를 기도하였노니 너는 돌이킨 후에 네 형제를 굳게 하라" 눅 22:31-32.

예수님의 중보기도로 인해 베드로는 다시 회복될 수 있었습니다.

예수님은 그의 믿음이 떨어지지 않기를 기도하셨습니다. 왜냐하면 세상을 이기는 가장 강력한 힘이 믿음이기 때문입니다.

예수님은 지금도 우리를 위해 중보기도를 드리고 계십니다. 예수님의 구속 사역은 완성되었지만 중보기도 사역은 지금도 계속되고 있습니다.

"누가 정죄하리요 죽으실 뿐 아니라 다시 살아나신 이는 그리스도 예수시니 그는 하나님 우편에 계신 자요 우리를 위하여 간구하시는 자시니라" 롬 8:34.

"그러므로 자기를 힘입어 하나님께 나아가는 자들을 온전히 구원하실 수 있으니 이는 그가 항상 살아 계셔서 그들을 위하여 간구하심이라" 히 7:25.

2. 예수님이 남기신 기도의 교훈을 통해 기도하는 법을 배우십시오

많은 사람들이 기도를 하지만 그 기도의 차원은 각각 다릅니다. 또한 기도 응답을 받는 경험도 다양하게 나타납니다. 우리의 기도가 응답받지 못한다면 그것은 하나님께 문제가 있는 것이 아니라 기도하는 우리에게 문제가 있는 것은 아닌지 점검해 보아야 합니다. 기도의 사람 야고보는 우리에게 기도에 대해 다음과 같이 가르치고 있습니다.

"너희는 욕심을 내어도 얻지 못하여 살인하며 시기하여도 능히 취하지 못하므로 다투고 싸우는도다 너희가 얻지 못함은 구하지 아니하기 때문이요 구하여도 받지 못함은 정욕으로 쓰려고 잘못 구하기 때문이라"약 4:2-3.

우리는 기도에 일정한 원리가 있다는 사실을 알아야 합니다. 하나님께 기도 응답을 받았던 하나님의 사람들은 기도하는 중에 기도의 원리를 발견했습니다. 우리는 그들을 통해 배워야 합니다. 왜냐하면 그들은 예수님이 남기신 기도에 대한 교훈을 따라 기도했기 때문입니다. 그렇다면 예수님의 제자들과 사도들이 예수님을 통해 배운 기도의 교훈은 무엇일까요? 먼저 교훈에 대해 살펴보는 것은 아주 소중한 일입니다.

1) 예수님은 성령님 안에서 예수님의 이름으로 하나님 아버지께 기도하도록 가르치셨습니다

예수님은 성령님 안에서 하나님 아버지께 기도드리셨습니다. 우리는 기도할 때, 예수님을 통해 하나님 아버지께 나아가게 됩니다. 예수님을 통해 하나님의 자녀가 되었고 구원을 받았기 때문입니다. 예수님을 영접한 순간, 우리 안에 성령님이 내주하십니다. 그런 까닭에 우리는 성령님 안에서 예수님의 이름으로 하나님 아버지께 기도를 드리는 것이 좋습니다.

"그 날에는 너희가 아무것도 내게 묻지 아니하리라 내가 진실로 진실로 너희에게 이르노니 너희가 무엇이든지 아버지께 구하는 것을 내 이름으로 주리라 지금까지는 너희가 내 이름으로 아무것도 구하지 아니하였으나 구하라 그리하면 받으리니 너희 기쁨이 충만하리라" 요 16:23-24.

얼마나 놀라운 약속입니까? 우리가 예수님의 이름으로 구하는 것을 하나님께서 허락해 주십니다. 우리는 구한 것을 받을 때, 기쁨이 충만해집니다.

바울은 우리에게 이렇게 부탁합니다.

"모든 기도와 간구를 하되 항상 성령 안에서 기도하고 이를 위하여 깨어 구하기를 항상 힘쓰며 여러 성도를 위하여 구하라" 엡 6:18.

2) 예수님은 기도를 통해 하나님께 영광을 돌리도록 가르치셨습니다

"너희가 내 이름으로 무엇을 구하든지 내가 행하리니 이는 아버지로 하여금 아들로 말미암아 영광을 받으시게 하려 함이라" 요 14:13.

예수님의 관심은 하나님 아버지께 영광을 돌리는 것이었습니다. 우리도 마찬가지입니다. 우리도 우리를 지으시고, 예수님을 통해 우리를 구속하신 하나님께 영광을 돌려야 합니다. 우리가 예수님의 이름으

로 기도할 때, 예수님은 행하시고 하나님은 예수님으로 말미암아 영광을 받으십니다. 우리가 더 많이 기도할수록 하나님은 더 많은 영광을 받으십니다.

> 3) 예수님은 은밀히 골방에서 기도할 것을 가르치셨습니다
> "너는 기도할 때에 네 골방에 들어가 문을 닫고 은밀한 중에 계신 네 아버지께 기도하라 은밀한 중에 보시는 네 아버지께서 갚으시리라" 마 6:6.

기도할 때에 우리는 하나님 아버지의 눈을 의식할 수 있어야 합니다. 기도는 하나님 앞에서 드리는 것입니다. 홀로 기도하는 시간을 가지십시오. 옷장을 정리해서 골방 하나를 만드십시오. 그 골방을 하나님께 자신의 아픔과 상처를 털어 놓는 기도의 방으로 만드십시오. 환난 중에 도움을 주시는 하나님께 기도하는 방으로 만드십시오. 저는 미국에 유학을 와서 먹을 것이 떨어지고, 내일이 불확실할 때마다 골방에 들어갔습니다. 저와 제 아내는 골방에서 서로 돌아가며 기도를 드렸고, 그 골방 기도를 통해 놀라운 기도 응답을 받았습니다. 하나님은 까마귀를 통해 엘리야에게 공급해 주셨듯 저희 가정에 필요한 것들을 공급해 주셨습니다.

4) 예수님은 믿음으로 기도할 것을 가르치셨습니다

"그러므로 내가 너희에게 말하노니 무엇이든지 기도하고 구하는 것은 받은 줄로 믿으라 그리하면 너희에게 그대로 되리라"막 11:24.

반드시 믿음으로 기도해야 합니다. 우리의 믿음의 크기에 따라 기도의 크기도 달라집니다. 처음에는 우리의 믿음이 겨자씨만큼 작습니다. 우리가 할 일은 작은 믿음을 투자해서 점점 믿음을 키우는 것입니다. 조지 뮬러는 믿음의 사람이었습니다. 그는 믿음으로 기도해서 5만 번의 기도 응답을 받았습니다. 그리고 그때마다 그의 믿음은 견고해졌습니다. 하나님은 우리의 믿음을 따라 상을 주십니다. 그리고 믿음은 하나님을 기쁘시게 합니다.

"믿음이 없이는 하나님을 기쁘시게 하지 못하나니 하나님께 나아가는 자는 반드시 그가 계신 것과 또한 그가 자기를 찾는 자들에게 상 주시는 이심을 믿어야 할지니라"히 11:6.

잭 하일스 목사는 「기도탐구」에서 작은 믿음을 투자해서 점점 더 큰 믿음을 키우라고 말합니다.

하나님께서 우리의 작은 믿음을 작은 것으로 보상하게 하십시오. 그런 다음 그 작은 결과가 가져온 자라난 믿음을 다시 투자하십시오. 그럴 때 주님이 더 큰 결과를 가져오는 더 큰 믿음으로 보상하실 것이고 그것은 우리의 믿음을 큰 믿음으로 자라게 할 것입니다. 그러면 하나님은 우리의 큰 믿음을 축복하셔서 큰 결과를 가져 오게 하십니다! 잭 하일스, 「기도탐구」, 두란노, 264쪽

5) 예수님은 합심기도의 능력을 가르치셨습니다
"진실로 다시 너희에게 이르노니 너희 중의 두 사람이 땅에서 합심하여 무엇이든지 구하면 하늘에 계신 내 아버지께서 그들을 위하여 이루게 하시리라" 마 18:19.

하나님은 혼자 기도하는 것도 기뻐하시지만 함께 기도할 때 더 큰 능력을 베풀어 주십니다. 특별히 마음을 연합하여 기도할 때 그 기도에 놀랍게 응답해 주십니다. 성경을 읽어 보십시오. 합심기도가 얼마나 놀라운 기적을 가져오는지 잘 알 수 있습니다. 에스더와 유대인이 합심으로 기도했을 때 한 민족이 구원받았습니다. 예수님의 제자들과 예수님의 어머니와 형제들이 함께 기도했을 때 오순절에 성령 강림의 역사가 나타났습니다. 합심해서 기도하십시오. 합심해서 기도할 때 놀리운 일들이 일어납니다. 아무것도 하지 않으면 아무 일도 일어나지 않습니다. 하지만 기도하면 기적이 읽어납니다.

6) 예수님은 마귀를 물리치기 위해 기도할 것을 가르치셨습니다

"집에 들어가시매 제자들이 조용히 묻자오되 우리는 어찌하여 능히 그 귀신을 쫓아내지 못하였나이까 이르시되 기도 외에 다른 것으로는 이런 종류가 나갈 수 없느니라 하시니라"^{막 9:28-29}.

우리는 영적 전쟁 중에 있습니다. 예수님이 오신 것은 마귀의 일을 멸하시기 위함입니다. 예수님은 기도를 통해 마귀의 유혹을 물리치셨습니다. 즉, 마귀를 물리치는 영적 도구는 기도입니다. 마귀는 기도하는 것을 싫어하고 우리의 기도를 방해합니다. 또한 기도하는 사람을 가장 무서워합니다.

성경을 읽어 보면 마귀의 정체를 알 수 있습니다. 마귀는 유혹합니다. 질투하고 시기하게 만듭니다. 미워하게 만듭니다. 음란합니다. 더럽습니다. 폭력적입니다. 거칩니다. 이간질시킵니다. 형제와 친족을 갈라놓습니다. 부부를 갈라놓고 싸우게 만듭니다. 미치게 만듭니다. 불만을 갖게 만듭니다. 불평하게 만듭니다.

예수님은 원수 마귀에게 고통 당하는 우리를 구원하기 위해 오셨습니다. 우리가 의지할 분은 오직 예수님뿐입니다. 예수님을 믿으면 마귀의 권세로부터 자유케 될 수 있습니다. 예수님을 믿으십시오. 예수님은 우리를 사랑하십니다. 우리에게 생명을 주십니다. 평강을 주십니다. 화목하게 하십니다. 용서하게 하십니다. 관용하게 하십니다. 성결하도록 도와주십니다. 사람들을 이해하도록 도와주십니다. 원수까

지 사랑하게 하십니다. 하나 되게 하십니다. 한마음이 되게 하십니다. 안식을 주십니다. 감사하도록 도와주십시오.

7) 예수님은 낙심하지 말고 항상 기도할 것을 가르치셨습니다
"예수께서 그들에게 항상 기도하고 낙심하지 말아야 할 것을 비유로 말씀하여"눅 18:1.

기도할 때 가장 경계해야 할 것은 낙심입니다. 우리는 기도가 더디 응답될 때 낙심하게 되는데, 이 낙심은 마귀가 가장 요긴하게 사용하는 무기 중의 하나입니다. 기도할 때 중요한 것은 믿음과 인내입니다. 하나님은 우리가 생각하는 것보다 더디 응답하실 때가 많습니다. 그러기에 어떤 상황에서도 좌절하지 않고 인내하며 기도하는 것이 중요합니다.

기도 응답이 더디 올 때 낙심하는 것은 정상입니다. 예수님도 그것을 아셨기에 낙심하지 말고 항상 기도할 것을 권면하셨습니다. 우리는 낙심을 환영해서는 안 됩니다. 낙심을 이겨내야 합니다. 더욱 기도하고 더욱 인내함으로 낙심을 이겨낼 때 마침내 하나님이 응답해 주시는 것을 경험하게 될 것입니다.

8) 예수님은 유혹에 빠지지 않도록 기도할 것을 가르치셨습니다
마귀의 유혹에 빠지면 죄의 종이 됩니다. 유혹에 빠질수록 우리 영

은 약해지고, 유혹을 물리칠수록 우리 영은 강해집니다. 어떤 유혹은 아주 강렬하고 어떤 유혹은 아주 위험합니다. 어떤 유혹은 우리가 일평생 쌓아 놓은 놀라운 일들을 한꺼번에 무너뜨리기도 합니다.

예수님은 유혹에 빠지지 않게 기도하라고 제자들에게 권면하셨습니다.

> "그곳에 이르러 그들에게 이르시되 유혹에 빠지지 않게 기도하라 하시고" 눅 22:40.
>
> "이르시되 어찌하여 자느냐 시험에 들지 않게 일어나 기도하라 하시니라" 눅 22:46.
>
> "제자들에게 오사 그 자는 것을 보시고 베드로에게 말씀하시되 너희가 나와 함께 한 시간도 이렇게 깨어 있을 수 없더냐 시험에 들지 않게 깨어 기도하라 마음에는 원이로되 육신이 약하도다 하시고" 마 26:40-41.

세상은 우리를 유혹하는 것들로 가득 차 있습니다. 우리는 연약해서 깨어 있지 않으면 쉽게 유혹에 빠지게 됩니다. 예수님은 우리에게 하루에 한 시간은 깨어 있어 기도하라고 부탁하십니다. 물론 한 시간을 다 기도하지 못할 수도 있습니다. 하지만 한 시간 동안 깨어 말씀을 묵상하고 기도할 때 우리 영혼은 강해집니다. 악한 자의 유혹을 분별하고 그 유혹을 미리 대비하고 그 유혹을 담대히 물리칠 수 있게 됩니다.

9) 예수님은 추수할 일꾼을 위해 기도할 것을 가르치셨습니다

"이에 제자들에게 이르시되 추수할 것은 많되 일꾼이 적으니 그러므로 추수하는 주인에게 청하여 추수할 일꾼들을 보내 주소서 하라 하시니라" 마 9:37-38.

우리는 영혼 구원을 위해 기도해야 합니다. 또한 추수할 일꾼을 위해서도 기도해야 합니다. 사도 바울과 같은 일꾼이 세워지면 한 시대가 변화됩니다. 존 웨슬리, 찰스 스펄전, D.L. 무디, 조나단 에드워즈 같은 추수할 일꾼이 세워지면 그 시대가 복을 받습니다. 한국 초대교회 역사에 길선주, 이기풍, 최권능, 손양원, 그리고 주기철 목사님 같은 추수할 일꾼을 통해 하나님은 부흥을 일으켜 주셨습니다. 오 할레스비는 「영의 기도」에서 평범한 시골 소녀의 기도로 세워진 추수할 일꾼의 이야기를 이렇게 기록하고 있습니다.

나는 볼레테 힌델리라는 평범한 시골 소녀가 하나님의 위대한 설교자 라르스 올센 스크레프슈루트를 위해 어떤 일을 했는지 잠시 언급하고 싶습니다.

그녀는 환상 중에 감옥에 갇힌 한 죄수를 보았습니다. 그녀는 그의 얼굴과 전체적인 모습을 똑똑히 보았습니다. 그와 동시에 "그를 위해 기도하는 사람이 아무도 없으면, 그는 다른 범죄자들과 똑같은 운명에 처할 것이다. 그를 위해 기도하라. 그러면 내가 그를 보내

이방인들 가운데 나의 영광을 선포하게 할 것이다"라는 음성이 들려왔습니다.

그녀는 하늘의 환상에 복종해 한 번도 본 적 없는 죄수를 위해 열심히, 최선을 다해 기도했습니다. 그녀는 죄를 뉘우치고 복음전도자로 일하게 된 죄수가 있다는 소문을 듣게 되기를 학수고대했습니다.

마침내 그녀는 노르웨이 스타방에르를 방문하는 동안, 과거에 죄수였다가 회심한 뒤 전도자가 된 사람이 그날 저녁 도시에 말씀을 전할 예정이라는 소식을 듣게 되었습니다. 스크레프슈루트가 단상에 모습을 드러내자, 그녀는 즉시 그가 환상에 나타난 사람이라는 사실을 알아차렸습니다. 그녀는 기도로 은혜의 선물을 구하라고 하신 말씀의 의미를 깨달은 사람입니다.

하나님 나라의 역사를 통해 깨달은 교훈과 내가 알고 있는 성경 지식에 따르면, 이보다 더 중요한 기도의 사역은 없습니다. 알맞은 사람이 알맞은 자리에 선다면, 그는 거의 무한한 능력을 발휘할 수 있을 것입니다. 오 할레스비, 「영의 기도」, 규장, 84-85쪽

10) 예수님은 천국 열쇠를 통해 매고 푸는 일을 하도록 가르치셨습니다 "내가 천국 열쇠를 네게 주리니 네가 땅에서 무엇이든지 매면 하늘에서도 매일 것이요 네가 땅에서 무엇이든지 풀면 하늘에서도 풀리리라 하시고"마 16:19.

기도는 천국의 열쇠입니다. 기도를 통해 우리는 매고 푸는 일을 할 수 있습니다. 기도는 하늘의 아름다운 보고를 여는 열쇠입니다. 기도할 때 하늘이 열립니다. 기도의 권세는 가장 강력한 권세입니다. 우리는 세상에 어떤 것과도 비교할 수 없는 가장 소중한 열쇠를 소유한 사람들입니다.

신자는 믿는 사람입니다. 천국 열쇠를 받은 사람입니다. 하나님의 자녀의 권세를 받은 사람입니다. 우리의 부요는 하늘의 부요입니다. 영적인 부요입니다. 우리는 세상 사람들과 세상에 있는 것들과는 비교할 수 없는 권세를 가진 사람들입니다. 돈이 없다고 위축되지 마십시오. 세상에서 권세가 없다고 위축되지 마십시오. 초대교회 사도들과 성도들을 기억하십시오. 그들은 돈이 없는 것을 감추지 않았습니다. 오히려 없다고 말했습니다. 그렇지만 그들은 세상이 줄 수 없는 권세, 예수님의 이름의 권세를 가지고 세상이 할 수 없는 기적을 일으켰습니다. 성전 미문에서 베드로와 요한은 태어나서 한 번도 걸어보지 못한 장애인을 만나 그를 향해 다음과 같이 외쳤습니다.

"베드로가 이르되 은과 금은 내게 없거니와 내게 있는 이것을 네게 주노니 나사렛 예수 그리스도의 이름으로 일어나 걸으라 하고"행 3:6.

이 사건으로 예루살렘이 흔들렸습니다. 초대교회 사도들과 성도들은 예수님의 이름으로 권세를 가지고 세상을 흔들었습니다. 그들이 가는 곳마다 마귀는 떨었습니다. 사람들이 복음을 받아들이고 예수님의 이름 앞에 무릎을 꿇었습니다. 바울과 실라가 기도할 때 옥터가 흔들렸습니다. 그들을 매고 있던 쇠사슬이 풀렸습니다. 옥문이 열렸습니다. 우리는 기도의 권세를 회복해야 합니다.

◇◇◇◇◇

주기도문을 통해 기도하는 법을
가장 잘 배울 수 있습니다

◇◇◇◇◇

성경에는 많은 기도문이 나옵니다. 또한 역사적으로 하나님의 사람들은 훌륭한 기도문을 남겼습니다. 하지만 그중에서 주기도문이 단연 으뜸입니다. 왜냐하면 예수님이 가르쳐 주신 기도문이기 때문입니다. 예수님은 친히 기도하시면서 기도를 가르쳐 주셨습니다. 그래서 주기도문은 강력한 것입니다. 수많은 사람들이 주기도문을 통해 기도를 배웠습니다. 기도 응답을 받았습니다. 리처드 포스터는 주기도문이 모든 기도 가운데 가장 훌륭한 기도라고 말합니다.

주기도문은 모든 기도 가운데 가장 훌륭한 기도이다. 어떤 것도 주기도문의 능력과 권위에 견줄 수 없다. 인류 역사상 어떤 기도에 대해서도 주기도문에 대해서만큼 많이 쓰여진 것은 없다.

주기도문이 예수님의 제자들이 기도하는 법을 가르쳐 달라는 요청에서 나온 것임을 기억하라. 그들의 요청에 대해 주기도문으로 답하심으로써 예수님은 다른 모든 것과 마찬가지로 기도에 관해서도 절대적 스승이심을 보여 주신다. 리처드 포스터·에밀리 그리핀 편집, 「영성 고전 산책」, 두란노, 70쪽

    기도를 배우는 가장 좋은 길은 기도하는 것입니다. 수영을 책으로 배울 수 없습니다. 물에 들어가야 합니다. 운전도 마찬가지입니다. 직접 운전대를 잡고 운전을 해야 합니다. 기도를 배우는 길 역시 직접 기도를 하는 것입니다. 저는 기도를 하면서 기도를 배웠습니다.

    또한 저는 기도의 응답을 많이 받은 기도의 사람들을 통해 기도를 배웠습니다. 처음에 가장 도움이 되었던 책은 조지 뮬러의 일기였습니다. 그의 일기는 기도 응답에 대한 내용이었습니다. 저는 그 책을 침대 옆에 놓고 읽고 또 읽으면서 기도했습니다. 기도에 관한 책을 읽으면 읽을수록 기도의 갈망이 더해지고 믿음이 강렬해졌습니다. 뿐만 아니라 저는 성경에 나오는 기도의 사람들을 연구했습니다. 그들의 기도의 모범을 따라 기도하는 중에 기도가 더욱 깊어지는 것을 경험했습니다. 기도를 배운다는 것은 가장 소중한 것을 배우는 것입니다. 하나님은 기도의 사람을 소중히 여기십니다.

혹시 힘든 일을 만났습니까? 기도하십시오. J.C. 라일은 기도의 능력에 대해 다음과 같이 말하고 있습니다.

> 아무리 힘들고 어려워도 기도로 이루어지지 않는 일이 없습니다. 도무지 불가능해 보이고 속수무책인 일들도 기도를 통해 이루어집니다. 불이든지 물이든지 뭍이든지 바다 한가운데든지, 기도로 역사하지 못할 곳은 없습니다. 기도가 홍해도 열었지 않습니까! 반석에서 물을 내고 하늘에서 떡을 내리게 했습니다. 기도로 태양이 멈추어 섰습니다. 엘리야의 기도로 하늘에서 불이 내려왔습니다. 기도로 아히도벨의 모략이 어리석은 것으로 드러났습니다. 기도로 산헤립의 군대가 패주했습니다. J.C. 라일, 「기도를 잃어버린 당신에게」, 복있는 사람, 30쪽

그의 말을 조금 더 들어 보십시오.

> "나는 수십만의 군대보다 존 낙스의 기도가 더 두렵다"라고 말한 메리 여왕의 말은 사실입니다. 기도로 병든 사람이 나았습니다. 기도로 죽은 자가 살아났습니다. 기도로 영혼이 회심합니다. 한 감독이 아우구스티누스의 어머니에게 "기도하는 어머니의 자식은 결코 망하는 법이 없습니다"라고 말했습니다. 신자는 기도와 고난과 믿음을 통해 무엇이든 할 수 있습니다. J.C. 라일, 같은 책, 30-31쪽

우리는 예수님을 믿는 순간, 예수님의 기도학교에 입학하게 됩니다. 주기도문은 예수님의 기도학교의 필수과목으로 정말 균형 잡힌 기도입니다. 주기도문은 쉽고도 어려우며 어렵고도 쉬운 기도입니다. 짧지만 그 무게는 하늘과 땅의 무게입니다. 간단하지만 그 깊이는 하나님의 깊이입니다.

거룩한 기대를 가지고 주기도문을 함께 배우도록 합시다. 무엇보다 기도하십시오. 예수님의 기도의 모범을 통해 기도를 배우면서 기도하십시오. 예수님의 기도에 대한 교훈을 기억하며 기도하십시오. 기도를 통해 기적을 경험하십시오. 기도를 통해 치유와 회복을 경험하십시오.

기도는 하늘을 여는 열쇠입니다. 기도하는 순간 천국의 보좌가 움직입니다. 천사가 동원됩니다. 기도하는 동안 우주가 하나님의 응답을 기다리며 긴장합니다. 기도를 통해 하나님의 큰 영광을 드러내시길 바랍니다.

| 하나님 아버지께 드리는 기도 |

주기도문은 자녀의 권세가
회복되는 기도입니다

Chapter 2

마 6:9
그러므로 너희는 이렇게 기도하라 하늘에 계신 우리 아버지여 이름이 거룩히 여김을 받으시오며

주기도문은
하나님의
마음입니다

◇◇◇◇◇
기도를 배울 때
기본을 잘 배워야 합니다
◇◇◇◇◇

무엇이든 새로운 것을 배우는 사람에게 가장 중요한 것은 기본입니다. 기본이 잘 확립되면 배움이 날로 깊어지게 됩니다. 기본이란 기초를 말합니다. 집으로 말하면 주초와 같은 것입니다. 주초는 보이지 않지만 집을 건축할 때 가장 중요한 것입니다. 주기도문은 모든 기도의 기본입니다. 주기도문을 가르쳐 주신 예수님은 우리 신앙의 주초가 되십니다. 우리는 반석이신 예수님이 가르쳐 주신 주기도문을 통해 기도를 배울 때 반석 위에 기도의 집을 짓게 됩니다.

잘 배우는 사람은 먼저 기초를 든든히 다집니다. 또한 지속적으로 기초를 점검하고 기본으로 돌아갑니다. 빈스 롬바르디는 "프로는 날마다 기초를 다진다"고 말했습니다. 훌륭한 코치들이 남긴 가장 중요한 가르침은 "기본으로 거듭 돌아가라"는 것입니다. 기본을 잘 배운 사람은 건강한 뿌리를 가진 나무와 같습니다. 그는 마음껏 뻗어나갈 수 있는 기반을 형성한 사람입니다. 그러므로 무엇을 배우든지 근본을 배우고 기초를 배워야 합니다. 주기도문은 기도의 뿌리와 같습니다. 주기도문은 기도의 근본이요 기초입니다. 동시에 기도의 본질이요 핵심입니다.

예수님이 가르쳐 주신 주기도문을 배우기 위해서는 먼저 주기도문의 구조를 잘 살펴볼 필요가 있습니다. 주기도문은 전반부와 후반부로 구성되어 있습니다. 전반부는 하나님을 향한 기도입니다. 하나님의 영광을 위해 드리는 기도입니다. 전반부의 주기도문은 하나님을 향해 있고, 하나님의 나라를 향해 있습니다. 하나님의 뜻을 향해 있습니다.

> "그러므로 너희는 이렇게 기도하라 하늘에 계신 우리 아버지여 이름이 거룩히 여김을 받으시오며 나라가 임하시오며 뜻이 하늘에서 이루어진 것 같이 땅에서도 이루어지이다" 마 6:9-10.

주기도문의 후반부는 우리 자신을 위해 드리는 기도문입니다. 우리의 필요, 관계, 보호, 그리고 안전을 위해 드리는 기도입니다.

> "오늘 우리에게 일용할 양식을 주시옵고 우리가 우리에게 죄 지은 자를 사하여 준 것 같이 우리 죄를 사하여 주시옵고 우리를 시험에

들게 하지 마시옵고 다만 악에서 구하시옵소서 (나라와 권세와 영광이 아버지께 영원히 있사옵나이다 아멘)"마 6:11-13.

주기도문의 마지막 부분은 송영입니다. 이처럼 주기도문은 매우 정교하고, 그 구조가 구약의 십계명과도 비슷합니다. 십계명도 전반부와 후반부로 나뉘어져 있습니다. 1-4 계명은 대신對神 계명, 즉 하나님을 향해 지켜야 하는 계명, 하나님 사랑에 대한 계명입니다. 5-10 계명은 대인對人 계명, 즉 인간을 향해 지켜야 하는 계명, 인간 사랑에 대한 계명입니다. 십계명을 둘로 압축하면 하나님 사랑과 이웃 사랑입니다.

"예수께서 이르시되 네 마음을 다하고 목숨을 다하고 뜻을 다하여 주 너의 하나님을 사랑하라 하셨으니 이것이 크고 첫째 되는 계명이요 둘째도 그와 같으니 네 이웃을 네 자신 같이 사랑하라 하셨으니 이 두 계명이 온 율법과 선지자의 강령이니라"마 22:37-40.

예수님은 주기도문을 통해 먼저 기도의 대상을 알고 기도할 것을 가르치셨습니다. 우리가 기도해야 할 대상은 '하늘에 계신 우리 아버지'입니다.

우리는 기도할 때 우리 자신을 생각하기보다 먼저 하나님을 생각해야 합니다. 우리의 기도를 들으시는 하나님이 하늘에 계신 우리 아버지이심을 먼저 기억하고 기도해야 합니다. 기도를 드릴 때 무엇을 기도하고 어떻게 기도할 것인가보다 더 중요한 것은 기도의 대상을 분명히 알고 기도하는 것입니다. 우리가 하나님을 아버지로 알고 하나님 아버지와 관계를 맺고 하나님 아버지와 교제하며 하나님 아버지의 도움을 받을 수 있다면 그것은 정말 놀라운 축복입니다.

우리가 추구할 수 있는 최고의 지식 가운데 하나님을 아는 지식보다 더 소중한 지식은 없습니다. 하나님은 무엇보다 우리가 하나님을 아는 것을 원하십니다.

> "나는 인애를 원하고 제사를 원하지 아니하며 번제보다 하나님을 아는 것을 원하노라"호 6:6.

예수님이 이 땅에 오신 이유는 하나님이 어떤 분이신지를 알리시기 위함이었습니다.

1. 하나님 아버지는 예수님의 아버지이십니다

예수님은 하나님을 아버지로 부르셨습니다. 또한 제자들에게 기도를 가르치시면서 하나님을 아버지로 부르도록 가르치셨습니다. 마태복음의 주기도문은 '하늘에 계신 우리 아버지'로 시작됩니다. 한편, 누가복음의 주기도문은 '아버지여'로 바로 시작합니다. 영어로는 'Father'이고 헬라어로는 '파테르'pater입니다. 마태복음의 주기도문을 헬라어 성경으로 읽어 보니 시작은 헬라어로 '파테르'입니다. '아버지'

로 시작됩니다. 그 뒤에 '우리'라는 말이 따라오고, 그 다음에 '하늘에 계신'이라는 말이 따라옵니다.

예수님이 제자들에게 기도를 가르쳐 주실 때 사용하신 언어는 아람어입니다. 아람어로 '아버지'라는 말은 '아바'Abba입니다. 이 말은 어린아이가 아버지를 친근하게 표현할 때 쓰는 '아빠'라는 말입니다. 그러했기에 이 표현은 당시 유대인들에게 충격적인 표현이었습니다.

구약 시대 이스라엘 백성들은 하나님을 아버지라고 부르지 못했습니다. 구약에서 하나님을 아버지라고 표현된 곳은 아주 적습니다. 구약에 나오는 하나님의 이름은 '여호와'인데 그 이름이 매우 거룩하고, 매우 엄위했기에 함부로 '여호와'라고 부르지도 못하고 '주님'이라고 불렀습니다. '주'라는 말은 '주인'이라는 뜻으로 영어로 'Lord' 또는 'Master'입니다. 하나님이 모든 만물의 주인이시오, 우리 인간의 주인이시라는 뜻입니다.

종과 주인의 관계는 결코 친근한 관계가 아닙니다. 오히려 두려운 관계입니다. 종이 어떻게 주인에게 함부로 말할 수 있으며 친근하게 나아갈 수 있겠습니까? 종, 즉 노예는 주인 앞에 나아갈 때 두려움으로 나아가게 됩니다. 구약의 성도들은 율법 아래서 종이 되어 두려움의 영에 사로잡혀 살았습니다. 그런데 예수님이 오셔서 하나님은 두려워할 주인이 아니라 아주 친근한 아버지가 되신다고 가르쳐 주신 것입니다.

어릴 때 우리는 아버지를 '아빠'라고 부릅니다. 하지만 성장하면서

'아버지' 또는 '아버님'이라고 부르게 됩니다. 그런데 예수님은 어린아이가 아버지를 향해 '아빠'라고 부르듯 하나님을 친근하게 부르셨습니다. 마이클 그린은 이 사실을 다음과 같이 마태복음 주석에서 설명하고 있습니다.

> 주기도문은 친밀감을 나타내는 단어 '아버지'로 시작한다. 예수님이 아람어로 말씀하셨으므로, 그 단어는 하나님을 부를 때 예수님만이 고유하게 사용하셨던 단어 '아바'Abba일 것이다. 아무도 하나님을 그렇게 부른 적이 없었다. 당시 그 단어는 어린 자녀들이 아버지를 부를 때 사용하던 것이다. 그리고 유일하게 그의 소중한 아빠이신 하나님과의 친밀감 또는 관계를 누린 예수님의 참된 제자들에게 동일한 수준의 친밀함으로 들어와 하나님을 '아빠'라고 부를 수 있는 권리를 주신다. 이 얼마나 놀라운 일인가! 사도 바울이 잘 이해했던 대로 그 작은 한 단어 '아빠'에 복음 전체가 담겨 있다 (롬 8:15 ; 갈 4:6). 마이클 그린, 「마태복음 강해」, IVP, 132쪽

그는 '아빠'라는 단어 속에 복음 전체가 담겨 있다고 말합니다. 예수님은 하나님 아버지를 '아빠'라고 부르셨고, 제자들에게도 하나님을 '아빠'라고 부르도록 가르치셨습니다. 특별히 예수님은 겟세마네 동산에서 기도하실 때 하나님을 향해 '아빠 아버지'라고 부르셨습니다.

"이르시되 아빠 아버지여 아버지께는 모든 것이 가능하오니 이 잔을 내게서 옮기시옵소서 그러나 나의 원대로 마시옵고 아버지의 원대로 하옵소서 하시고" 막 14:36.

"Abba, Father," he said, "everything is possible for you. Take this cup from me. Yet not what I will, but what you will." Mark 14:36, NIV

예수님은 하나님을 아버지라고 부르셨습니다. 예수님은 하나님의 독생하신 아들이십니다. 예수님의 영광은 아버지의 독생하신 아들의 영광입니다.

"말씀이 육신이 되어 우리 가운데 거하시매 우리가 그의 영광을 보니 아버지의 독생자의 영광이요 은혜와 진리가 충만하더라" 요 1:14.

예수님은 이 땅에 하나님 아버지의 뜻을 이루기 위해 오셨습니다. 하나님 아버지께서 맡기신 일을 이루어 하나님께 영광을 돌리기 위해 오셨습니다.

"아버지께서 내게 하라고 주신 일을 내가 이루어 아버지를 이 세상에서 영화롭게 하였사오니" 요 17:4

요한복음 17장에서 예수님이 중보기도를 드리실 때도 하나님을 아버지라고 부르시는 것을 보게 됩니다.

"예수께서 이 말씀을 하시고 눈을 들어 하늘을 우러러 이르시되 아버지여 때가 이르렀사오니 아들을 영화롭게 하사 아들로 아버지를 영화롭게 하게 하옵소서" 요 17:1.

하나님을 아버지라 부르신 예수님은 우리들에게도 하나님을 아버지라고 부를 것을 명하십니다.

2. 예수님이 보여 주신 아버지는 좋으신 아버지이십니다

이 세상에서 하나님 아버지를 가장 잘 아는 분은 예수님이셨습니다. 왜냐하면 예수님은 하나님 아버지의 독생하신 아들이기 때문입니다. 예수님이 이 땅에 오신 가장 중요한 이유는 하나님이 어떤 분이신가를 보여 주기 위함이었습니다.

어떤 분은 예수님을 믿고 하나님을 아버지라고 부르는 것이 힘들었다고 고백합니다. 그 이유는 육신의 아버지께로부터 받은 상처 때문이었습니다. 어떤 아버지는 자녀를 학대합니다. 어떤 아버지는 자녀를 버립니다. 어떤 아버지는 무능합니다. 어떤 아버지는 무책임합니다. 어떤 아버지는 포악합니다. 물론 유능하고 따뜻하며 자상한 아버지도, 다정하고 책임감 강한 성숙한 아버지도 있습니다. 하지만 육신의 아버지는 한계가 있습니다. 그런 까닭에 우리가 생각하는 육신의 아버지처럼 하나님을 생각하면 안 됩니다.

우리가 하나님 아버지를 잘 이해하기 위해서는 예수님의 말씀에 귀를 기울여야 합니다. 왜냐하면 예수님만이 하나님 아버지를 가장 잘 아시기 때문입니다. 예수님께서 제자들, 특별히 빌립과 나눈 대화를 잘 살펴보십시오.

"너희가 나를 알았더라면 내 아버지도 알았으리로다 이제부터는 너희가 그를 알았고 또 보았느니라"요 14:7.

"빌립이 이르되 주여 아버지를 우리에게 보여 주옵소서 그리하면 족하겠나이다"요 14:8.

"예수께서 이르시되 빌립아 내가 이렇게 오래 너희와 함께 있으되 네가 나를 알지 못하느냐 나를 본 자는 아버지를 보았거늘 어찌하여 아버지를 보이라 하느냐 내가 아버지 안에 거하고 아버지는 내 안에 계신 것을 네가 믿지 아니하느냐 내가 너희에게 이르는 말은 스스로 하는 것이 아니라 아버지께서 내 안에 계셔서 그의 일을 하시는 것이라"요 14:9-10.

이 말씀은 영적 신비에 속합니다. 하나님 아버지와 예수님은 하나이십니다. 그 말은 동질이라는 뜻입니다. 그런 까닭에 예수님을 일면 하나님 아버지를 알게 되고, 예수님을 본 사람은 곧 하나님 아버지를 보게 되는 것입니다. 왜냐하면 예수님 안에 하나님 아버지가 거하셔서 말씀하시고 일하시기 때문입니다. 우리는 하나님 아버지의 아들이신 예수님을 통해 하나님 아버지가 어떤 분이신가를 알 수 있습니다. 또한 예수님께서 보여 주시고 말씀해 주신 하나님 아버지의 모습을 통해 그분을 알 수 있습니다.

예수님이 보여 주신 하나님은 좋으신 아버지입니다. 좋으신 아버지인 까닭에 좋은 것을 주실 수가 있습니다.

"너희가 악한 자라도 좋은 것으로 자식에게 줄 줄 알거든 하물며 하늘에 계신 너희 아버지께서 구하는 자에게 좋은 것으로 주시지 않겠느냐"마 7:11.

하나님 아버지는 좋은 것을 주시는 분입니다. 좋은 것으로 우리의 소원을 만족케 하시는 분입니다.

"좋은 것으로 네 소원을 만족하게 하사 네 청춘을 독수리 같이 새롭게 하시는도다"시 103:5.

하나님 아버지는 주린 영혼에게 좋은 것으로 채워 주시는 분입니다.

"그가 사모하는 영혼에게 만족을 주시며 주린 영혼에게 좋은 것으로 채워주심이로다"시 107:9.

하나님 아버지께서 우리에게 주신 가장 좋은 것은 두 가지입니다. 그것은 하나님이 선물로 주신 것으로 오직 믿음으로 받을 수 있습니다.

1) 하나님 아버지께서는 우리에게 좋으신 예수님을 주셨습니다

하나님 아버지께서 우리에게 주신 가장 좋은 것이 있다면 먼저 예수님이십니다. 예수님이 아니면 우리는 하나님께 나아갈 수도 없고, 아버지를 알 수도 없습니다.

"예수께서 이르시되 내가 곧 길이요 진리요 생명이니 나로 말미암지 않고는 아버지께로 올 자가 없느니라"요 14:6.

하나님 아버지께서 우리를 사랑하셔서 가장 귀한 독생자를 주셨습니다. 예수님이 십자가에서 죽으심으로 우리가 영생을 얻는 길이 열렸습니다.

"하나님이 세상을 이처럼 사랑하사 독생자를 주셨으니 이는 그를 믿는 자마다 멸망하지 않고 영생을 얻게 하려 하심이라"요 3:10.

바울은, 아들을 아끼지 아니하시고 우리 모든 사람을 위해 주신 하나님께서 그 아들과 함께 모든 것을 우리에게 주시지 아니하겠느냐고 외칩니다.

"자기 아들을 아끼지 아니하시고 우리 모든 사람을 위하여 내주신 이가 어찌 그 아들과 함께 모든 것을 우리에게 주시지 아니하겠느냐" 롬 8:32.

히브리서는 하나님 아버지께서 우리에게 더욱 좋은 것을 주신다고 말씀합니다. 구약에서 주신 것보다 신약에서 주신 것이 더 좋다고 말씀합니다. 구약은 하나님이 이스라엘 백성에게 주신 첫 언약으로 하나님이 그의 종 모세에게 주신 율법입니다. 율법도 처음에 좋은 것이었습니다. 하지만 하나님은 율법보다 더 좋은 언약을 예비하셨습니다. 왜냐하면 율법으로는 우리가 하나님의 자녀가 될 수 없기 때문입니다. 율법은 우리에게 두려워하는 종의 영을 주었습니다. 그래서 하나님을 향해 아버지라고 부르기보다 '주님'이라고 부르게 했습니다. 그 말은 우리는 종이라는 뜻입니다.

하나님은 첫 언약, 즉 옛 언약과 비교할 수 없는 새 언약을 주셨습니다. 그 언약은 복음입니다. 복음은 하나님이 직접 아들을 통해 우리에게 주신 것입니다. 그 복음이 바로 더 좋은 언약의 보증이 되신 예수님입니다.

"이와 같이 예수는 더 좋은 언약의 보증이 되셨느니라"히 7:22.

예수님은 더 좋은 약속으로 세우신 더 좋은 언약의 중보자이십니다.

"그러나 이제 그는 더 아름다운 직분을 얻으셨으니 그는 더 좋은 약속으로 세우신 더 좋은 언약의 중보자시라"히 8:6.

하나님 아버지는 구하는 자에게 좋은 것을 주십니다. 갈수록 더 좋은 것으로 주십니다. 하나님 아버지께서 우리에게 주신 좋은 것은 바로 예수님이십니다. 예수님보다 더 좋은 분은 없습니다. 예수님은 더 좋은 언약의 보증이십니다. 그리고 더 좋은 언약의 중보자가 되십니다.

어떻게 예수님이 하나님 아버지께서 우리에게 주신 좋은 선물이 되시는 것일까요? 그 이유는 우리가 예수님을 통해 하나님의 자녀가 되었기 때문입니다. 아담의 원죄를 타고 태어난 우리는 본래 진노의 자녀였습니다. 마귀의 자녀였습니다. 그런데 예수님을 믿음으로 그분을 통해 하나님의 자녀가 되는 권세를 얻게 된 것입니다. 하나님으로부터 태어난 자가 된 것입니다.

"영접하는 자 곧 그 이름을 믿는 자들에게는 하나님의 자녀가 되는 권세를 주셨으니 이는 혈통으로나 육정으로나 사람의 뜻으로 나지 아니하고 오직 하나님께로부터 난 자들이니라"요 1:12-13.

예수님이 우리를 자신과 동등한 하나님의 자녀의 수준으로 올려놓으신 것입니다. 이 진리는 정말 놀라운 복음입니다. 우리가 주기도문을 드릴 때 하나님을 아버지라고 부를 수 있는 것은 오직 예수님 때문입니다.

예수님이 십자가에서 죽으시고 부활하신 후에 무덤을 찾아온 마리아에게, 제자들에게 가서 전하라고 하신 말씀이 있습니다.

"예수께서 이르시되 나를 붙들지 말라 내가 아직 아버지께로 올라가지 아니하였노라 너는 내 형제들에게 가서 이르되 내가 내 아버지 곧 너희 아버지, 내 하나님 곧 너희 하나님께로 올라간다 하라 하시니" 요 20:17.

이 말씀은 예수님의 아버지가 제자들의 아버지가 되시며, 예수님의 하나님이 바로 제자들의 하나님이 되신다는 선포입니다. 이 말씀은 예수님께서 그들의 친형제가 되신다는 것을 의미합니다. 예수님은 자신을 배신하고 부인했던 제자들을 '형제들'이라고 부르셨습니다. 그들을 '형제들'이라고 부르는 것을 부끄러워하지 않으셨습니다. 누가복음 15장에 나오는 탕자의 비유에서 큰아들은 동생이 허랑방탕하고 돌아왔을 때 그를 형제라고 부르지 않았습니다. 자기 동생이라 부르기를 부끄러워했습니다. 아버지에게 자신의 동생을 '당신의 아들'이라고 말하면서 그런 아들을 위해 잔치를 베푸는 것은 합당하지 않다고 따졌습니다. 하지만 하나님 아버지의 독생하신 예수님은 탕자와 같은 제자들과 우리들을 친형제로 부르시길 부끄러워하지 않으십니다.

> "거룩하게 하시는 이와 거룩하게 함을 입은 자들이 다 한 근원에서 난지라 그러므로 형제라 부르시기를 부끄러워하지 아니하시고" 히 2:11.

2) 하나님 아버지께서는 우리에게 좋으신 성령님을 주셨습니다

누가복음은 마태복음 7장 11절에 나오는 하나님 아버지가 구하는 자에게 주시는 좋은 것을 '성령님'이라고 말씀합니다.

> "너희가 악할지라도 좋은 것을 자식에게 줄 줄 알거든 하물며 너희 하늘 아버지께서 구하는 자에게 성령을 주시지 않겠느냐 하시니라" 눅 11:13.

왜 성령님이 하나님 아버지께서 주시는 가장 좋은 것일까요? 그 이유는 성령님을 통해 우리가 거듭날 수 있기 때문입니다. 우리가 예수님을 영접하고 그 이름을 믿으면 우리 안에 성령님이 들어오셔서 역사하시게 됩니다. 그때 우리는 하나님의 자녀가 됩니다. 하나님의 자녀가 되는 권세를 얻게 됩니다. 아담의 원죄를 가지고 태어난 우리

는 반드시 두 번 태어나야 하나님의 자녀가 되어 천국에 들어갈 수 있습니다.

첫 번째로 우리는 부모를 통해 육신을 입고 태어납니다. 첫 번 태어난 것은 부모로부터 태어난 것이요, 육으로 태어난 것입니다. 육으로 태어난 사람은 죄의 종이 되고 마귀의 자녀가 되어 결국 지옥에 갈 수밖에 없습니다. 아담의 죄와 자신이 지은 자범죄로 인해 형벌을 받아 지옥에서 영원히 살게 됩니다. 이 어두운 운명을 바꾸는 길은 오직 예수님을 믿고 하나님의 자녀가 되는 것입니다. 즉, 다시 태어나는 것입니다. 예수님은 우리가 거듭나야 할 것을 말씀하셨습니다. 거듭난다는 것은 두 번째 태어나는 것입니다.

우리는 성령님을 통해 다시 태어납니다. 우리가 다시 태어날 때 역사하시는 분이 바로 성령님입니다.

"예수께서 대답하시되 진실로 진실로 네게 이르노니 사람이 물과 성령으로 나지 아니하면 하나님 나라에 들어갈 수 없느니라"요 3:5.
"육으로 난 것은 육이요 영으로 난 것은 영이니 내가 네게 거듭나야 하겠다 하는 말을 놀랍게 여기지 말라"요 3:6-7.

우리는 성령님이 역사하셔야 거듭나게 됩니다. 아담의 원죄로 죽은 바 된 우리의 영이 다시 소생하는 길은, 말씀이신 예수님을 우리 마음에 모셔서 성령님을 통해 새롭게 태어나는 것입니다. 우리는 우리 영이 소생하는 순간, 하나님을 아버지라고 부르게 됩니다. 우리 안에서 하나님을 아버지라고 부르게 하시는 분은 성령님이십니다.

"너희는 다시 무서워하는 종의 영을 받지 아니하고 양자의 영을 받았으므로 우리가 아빠 아버지라고 부르짖느니라"롬 8:15.

우리는 성령님을 통해 양자의 영을 받았습니다. 그래서 하나님을 '아빠 아버지'라고 부르게 되었습니다. 로마서 8장에서 말하는 '양자의 영'을 갈라디아서에는 '아들의 영'이라고 말합니다.

"때가 차매 하나님이 그 아들을 보내사 여자에게서 나게 하시고 율법 아래에 나게 하신 것은 율법 아래에 있는 자들을 속량하시고 우리로 아들의 명분을 얻게 하려 하심이라 너희가 아들이므로 하나님이 그 아들의 영을 우리 마음 가운데 보내사 아빠 아버지라 부르게 하셨느니라"갈 4:4-6.

바울이 말하는 양자의 영, 아들의 영은 우리가 친자녀와 똑같은 신분을 갖게 되었다는 것을 강조하는 표현입니다. 양자의 영이라는 말은 우리가 친자녀와 똑같은 권세를 갖게 된 것을 강조하는 단어입니다. 즉, 상속권을 갖게 된다는 의미입니다. 상속사가 된다는 의미입니다.

"그러므로 네가 이 후로는 종이 아니요 아들이니 아들이면 하나님으로 말미암아 유업을 받을 자니라" 갈 4:7.

종은 유업을 받을 수 없습니다. 즉, 상속자가 될 수 없습니다. 아브라함의 종 엘리에셀은 충성된 자였지만 상속자가 될 수는 없었습니다. 오직 사라를 통해 태어난 이삭만이 상속자가 될 수 있었습니다. 우리는 예수님과 성령님을 통해 거듭났습니다. 하나님께로부터 난 자가 되었습니다. 우리는 하나님의 자녀가 되는 권세를 받았습니다. 우리는 하나님 나라의 상속자가 되어 하나님 아버지의 모든 것을 누릴 수 있게 되었습니다.

3. 예수님의 아버지께서 우리 아버지가 되셨습니다

예수님께서 '하늘에 계신 우리 아버지여'라고 기도하라고 가르치신 것은 놀라운 복음이며 충격적인 부르심입니다.

예수님의 아버지께서 우리 아버지가 되셨습니다. 예수님을 통해 하나님의 자녀가 된 우리 모두는 한 형제와 자매가 되었습니다. 그래서 하나님 아버지를 '하늘에 계신 우리 아버지'라고 부를 수 있게 되었습니다. '우리 아버지'라는 뜻은 예수님을 통해 하나님을 아버지로 모신 사람들의 공동체성을 강조한 말입니다.

예수님은 누가복음 15장에서 하나님 아버지가 어떤 분이신가를 비유를 통해 가르쳐 주십니다. 여기에 나오는 돌아온 탕자의 비유는 탕자를 사랑하는 아버지의 비유입니다. 예수님은 돌아온 탕자의 비유를 통해 하나님 아버지가 어떤 분이신가를 보여 주십니다.

1) 하나님 아버지는 풍족하십니다

탕자는 허랑방탕한 후에 돼지가 먹는 쥐엄 열매로 배를 채우고자 했지만 그마저도 주는 사람이 없었습니다. 그때 그는 아버지의 풍족함을 떠올렸습니다.

"이에 스스로 돌이켜 이르되 내 아버지에게는 양식이 풍족한 품꾼이 얼마나 많은가 나는 여기서 주려 죽는구나"눅 15:17.

사실 탕자는 가난하게 살지 않아도 되는 신분을 가진 사람이었습니다. 아버지가 부요했기에 그 역시 부요한 삶을 살 수 있었습니다. 그런데 아버지의 풍족함에도 불구하고 그가 그토록 비참하게 살았던 이유는 바로 아버지를 멀리 떠나 있었기 때문입니다.

2) 하나님 아버지는 긍휼이 풍성하십니다

탕자가 돌아왔을 때 아버지는 그를 기다리고 있었습니다. 아직도 거리가 먼데 그를 보고 측은히 여겨 달려가 목을 안고 입을 맞추었습니다.

> "이에 일어나서 아버지께로 돌아가니라 아직도 거리가 먼데 아버지가 그를 보고 측은히 여겨 달려가 목을 안고 입을 맞추니" 눅 15:20.

아버지는 탕자를 사랑했기에 기다렸습니다. 그냥 기다린 것이 아니라 그가 돌아오면 입힐 제일 좋은 옷과 손에 끼워줄 가락지, 발에 신길 신과 그를 위해 잔치할 살진 송아지를 준비하고 기다렸습니다. 탕자가 할 일은 오직 하나, 아버지 품으로 돌아오는 것뿐이었습니다. 그는 탕자였지만 여전히 아버지의 자녀였습니다. 그는 탕자였지만 여전히 자녀의 권세를 가지고 있었습니다. 이렇듯 아버지와 자녀의 관계는 변하지 않습니다. 탕자를 회개시킨 것은 아버지의 사랑이었습니다. 풍성한 사랑은 회개를 불러일으킵니다.

3) 하나님 아버지는 가장 좋은 것을 준비하고 기다리십니다

아버지가 아들을 기다리면서 준비한 것은 채찍이 아니었습니다.

> "아버지는 종들에게 이르되 제일 좋은 옷을 내어다가 입히고 손에 가락지를 끼우고 발에 신을 신기라 그리고 살진 송아지를 끌어다가 잡으라 우리가 먹고 즐기자" 눅 15:22-23.

이 모든 것은 자녀의 신분을 회복시켜 주기 위한 것이었습니다. 즉, 아버지의 모든 재산을 상속할 수 있는 상속자의 권한을 회복시켜 주는 것이었습니다. 당시에 옷과 가락지와 신은 신분을 증명해 주는 것이었습니다.

4) 하나님 아버지는 자녀의 행복을 통해 즐거워하십니다

아버지의 영광은 자녀가 아버지의 사랑과 부요를 누리는 것입니다. 아버지는 부자인데 자녀가 거지로 살아간다면 그것은 아버지를 욕되게 하는 것입니다. 아버지의 부요는 곧 자녀의 부요입니다. 아버지의 풍성함은 곧 자녀의 풍성함입니다. 아버지의 영광은 곧 자녀의 영광입니다. 아버지의 권세는 곧 자녀의 권세입니다. 아버지의 모든 것이 곧 자녀의 것입니다. 탕자가 돌아왔을 때 아버지가 큰아들에게 한 말을 기억하십시오.

> "아버지가 이르되 얘 너는 항상 나와 함께 있으니 내 것이 다 네 것이로되" 눅 15:31.

예수님은 무릇 아버지께 있는 것은 다 내 것이라고 말씀하셨습니다.

> "무릇 아버지께 있는 것은 다 내 것이라 그러므로 내가 말하기를 그가 내 것을 가지고 너희에게 알리시리라 하였노라" 요 16:15.

우리가 예수님을 통해 하나님의 자녀가 된 것은, 그리고 성령님을

통해 하나님을 '아빠 아버지'라고 부를 수 있게 된 것은 정말 놀라운 축복이요 특권입니다. 우리가 할 일은 하나님 아버지께 당당히 나아가서 구하는 것입니다. 하나님 아버지는 자녀에게 필요한 것을 공급해 주십니다. 가장 좋은 길로 인도해 주십니다. 훌륭하게 양육해 주십니다. 아버지가 소유한 모든 것을 상속해 주십니다.

> '우리'가 '하나님'을 '아빠'라고 부르는 것은 하늘과 땅을 지으신 그 하나님이 우리의 아빠라는 뜻이며, 그분의 그 모든 부요함을 내가 상속받을 수 있다는 것을 의미합니다. 상속받는다는 것은 결코 모자람이 없는 그 하나님의 부요를 내가 끌어 쓸 수 있다는 뜻입니다. 피조물인 우리가 창조주인 하나님의 부요함을 끌어 쓰고자 하는 행위, 그것이 기도입니다. 김세윤, 「주기도문 강해」, 두란노, 72쪽.

우리가 할 일은 자녀의 권세를 사용하는 것입니다. 하나님의 부요함을 기도를 통해 누리는 것입니다. 또한 장차 우리가 받게 될 하나님 나라의 기업의 영광을 생각하며 즐거워하는 것입니다. 우리는 결코 가난하지 않습니다. 우리는 결코 약하지 않습니다. 하나님이 우리와 함께 하십니다. 우리는 하나님의 기업을 상속할 상속자입니다.

하나님 아버지는 하늘과 땅의
모든 권세를 가지신 분입니다

예수님은 주기도문에서 하나님을 '하늘에 계신 우리 아버지여'라고 부르셨습니다. 여기서 우리는 질문하게 됩니다. 왜 '하늘에 계신 우리 아버지'라고 말씀하셨을까? 예수님이 하나님을 '아빠, 아버지'라고 부르신 이유는, 하나님 아버지의 친근감을 가르쳐 주시기 위함이었습니다. 당시 유대인들은 하나님을 친근하신 분으로 생각하지 못했기 때문입니다. 또한 하나님 아버지의 초월성을 보여 주시기 위함이기도 합니다.

그렇다면 하나님 아버지의 초월성이란 무엇을 의미할까요? 바로 초월자, 즉 우리 인간의 생각이나 한계를 뛰어넘는 분이심을 의미합니다. 하나님 아버지는 친근하시면서도 전능하십니다.

육신의 아버지의 유능함에는 한계가 있습니다. 어릴 적에는 아버지가 거의 전능한 수준으로 보일 수 있지만 성장하면서 아버지도 연약한 한 인간에 불과하다는 사실을 깨닫게 됩니다. 우리는 나이가 들면서 아버지의 축쳐진 어깨를 보며 가슴 아파하게 됩니다.

그러나 하나님 아버지는 육신의 아버지와 다릅니다. 하나님 아버지가 하늘에 계시다는 뜻은 하늘과 땅을 통치하신다는 것을 의미합니다다. 만유보다 크시다는 것을 의미합니다. 그런 까닭에 우리를 구원하실 수 있고 우리를 악의 세력으로부터 건져 내실 수 있으며 보호하실 수 있습니다.

"그들을 주신 내 아버지는 만물보다 크시매 아무도 아버지 손에서 빼앗을 수 없느니라"요 10:29.

이것이 하나님 아버지의 신비입니다. 우리가 예수님을 영접할 때 예수님 안에 계신 하나님 아버지도 우리 안에 임하시게 됩니다.

"그날에는 내가 아버지 안에, 너희가 내 안에, 내가 너희 안에 있는 것을 너희가 알리라"요 14:20.

이 말씀을 잘 보십시오. 예수님이 아버지 안에 거하시고, 아버지가 예수님 안에 거하십니다. 그리고 바로 그 예수님이 우리 안에 거하십니다. 그렇다면 하나님 아버지가 우리 안에 거하신다는 것입니다. 또한 예수님을 영접하는 순간, 예수님의 영이신 성령님이 우리 안에 거하십니다. 성령님은 우리 안에서 하나님을 향해 '아빠 아버지'라고 부르게 하십니다. 이 모두를 종합해 보면 우리 안에 성삼위 하나님께서 함께 거하고 계십니다. 예수님이 우리 안에 거하시는 하나님의 친근감과 함께 모든 만물보다 크신 하늘의 하나님을 알게 하신 것은 하나님의 초월성을 함께 강조하고 싶으신 것입니다. 이 사실을 김세윤 교수는 다음과 같이 설명합니다.

> 왜 예수의 가르침에는 이 초월성과 내재성이 함께 강조되는 것일까요? 우선, 우리 인간을 구원하려면 초월하셔야 하기 때문입니다. 초월하다는 말은 무한하시다는 뜻입니다. 하나님이 우주보다 작다면 그것은 말할 것도 없거니와 하나님이 우주의 크기 정도만큼 크시다고 해도 하나님은 고장 난 이 우주를 고칠 수가 없습니다. 논리적으로 불가능한 것입니다. 우주보다 더 크고 막강하셔야만 우주를 고칠 수 있습니다. 이것이 초월입니다. 김세윤, 같은 책, 74쪽.

여기서 우리는 하나님을 '하늘에 계신 우리 아버지여'라고 부른다는 것이 얼마나 큰 축복이며 얼마나 큰 영광인가를 알게 됩니다. '하늘에 계신 우리 아버지'라고 부르는 순간, 우리는 하늘과 접촉하는 것입니다. 하나님 아버지와 접촉하는 것입니다. 하나님의 보좌와 접촉하는 것입니다. 우주와 접촉하는 것입니다. 우리가 기도하는 것은 우주적 사건이고 역사적 사건이며 영원한 사건입니다. 왜냐하면 하나님은 우리의 기도를 통해 놀라운 일들을 이루시기 때문입니다.

제가 기도를 처음 배울 때 도움이 되었던 책이 있습니다. 비로 R.A. 토레이가 쓴 「기도와 영력」이라는 책입니다. 그는 기도에 대해 다음과 같이 기록하고 있습니다.

> 기도는 하나님의 무한한 은혜와 능력의 창고를 여는 열쇠다. 하나님의 전 존재, 전 소유물이 이 기도에 달려 있다. 기도는 하나님이 하실 수 있는 일은 무엇이든 할 수 있다. 그리고 하나님이 어떠한 일도 하실 수 있듯이 기도는 전능하다. 어떤 사람도 기도하는 법을 알고 역사하는 기도의 조건을 채우며 진실로 기도하는 사람을 당해낼 수 없다. '전능하신 여호와 하나님'께서 그 사람을 위해서, 그리고 그 사람을 통해 역사하시는 것이다. R.A. 토레이, 「기도와 영력」, 생명의 말씀사, 20쪽

우리는 하나님의 자녀의 권세를 회복해야 합니다. 여기서 회복이라는 말은 잃었다가 찾는 것을 의미하는 것이 아닙니다. 하나님의 자녀가 되면 우리는 그 자녀됨을 결코 상실하지 않습니다. 아버지와 자녀의 관계는 영원한 관계입니다. 자녀의 권세는 영원한 권세입니다. 문제는 우리가 죄 때문에 세상을 살아가다가 우리 자신의 신분을 망각하게 된 것입니다. 지금 우리는 탕자처럼 하나님 아버지를 떠나 종처럼 살아가고 있는 것은 아닌지 점검해 보아야 합니다. 또한 탕자의 비유에 나오는 큰아들처럼 하나님 아버지의 부요함을 누리지 못한 채 종처럼 노예처럼 살아가고 있는 것은 아닌지 생각해 보아야 합니다.

하나님 아버지는 스스로 상실했다고 생각한 자녀의 권세를 회복시

켜 주시기 위해 옷과 가락지와 신을 준비해 주셨습니다. 우리는 예수님을 믿는 순간, 예수님의 옷을 입게 됩니다. 그리고 예수님의 옷을 입는 순간, 하나님 아버지의 자녀가 됩니다. 우리가 할 일은 하나님 아버지께 나아가서 하나님이 예비하신 모든 부요와 축복을 받아 누리는 것입니다. 또한 우리의 필요를 기도로 구하는 것입니다. 하나님은 우리의 필요를 채워 주시는 것을 기뻐하십니다.

"나의 하나님이 그리스도 예수 안에서 영광 가운데 그 풍성한 대로 너희 모든 쓸 것을 채우시리라"빌 4:19.

하나님 아버지의 기쁨은 우리가 구하는 것을 허락해 주시는 기쁨입니다. 우리가 하나님이 주신 선물을 받아 누리는 것입니다. 조나단 에드워즈는 하나님의 행복은 피조물의 행복에 있다고 말했습니다. 이제 우리가 해야 할 일은 하나님께 나아가서 구하고, 그 받은 것을 누리는 것입니다. 또한 그것을 나누는 것입니다.

종은 두려워합니다. 하지만 자녀는 두려워하지 않습니다. 종은 아무 때나 주인에게 나아갈 수 없으며 상속자가 될 수 없지만, 자녀는 아무 때나 아버지께 담대히 나아갈 수 있으며 상속자가 될 수 있습니다. 하나님을 '아빠 아버지'라고 부르십시오. 하나님 아버지께 담대히 나아가서 도움을 요청하십시오.

하나님 아버지를 알아 가십시오. 하나님 아버지의 부요를, 지혜를,

능력을, 사랑을 알아 가십시오. 하나님은 그분을 믿는 믿음을 따라 응답하십니다. 우리가 구하는 것을 따라 응답하십니다. 믿음과 기도는 하나님이 스스로 정하신 천국의 원리요 법칙입니다. 무엇보다 기도를 통해 하나님과 친교의 시간을 가지십시오. 그것은 자녀가 누릴 수 있는 최고의 영광입니다.

주기도문을 통해 더욱 깊은 기도의 세계 속으로 들어가시길 바랍니다.

| 하나님의 이름을 존귀케 하는 기도 |

Chapter 3

주기도문은 하나님의 이름을 경험하는 기도입니다

마 6:9
그러므로 너희는 이렇게 기도하라 하늘에 계신 우리 아버지여 이름이 거룩히 여김을 받으시오며

주기도문은
하나님의
마음입니다

◇◇◇◇◇
기도는 하나님의 이름과
밀접한 관계가 있습니다
◇◇◇◇◇

주기도문을 가르쳐 주실 때 예수님은 가장 먼저 우리가 드려야 할 간구로 하나님의 이름에 대해 말씀하셨습니다.

"그러므로 너희는 이렇게 기도하라 하늘에 계신 우리 아버지여 이름이 거룩히 여김을 받으시오며"마 6:9.

예수님은 하나님을 하늘에 계신 아버지라고 부르셨습니다. 하늘에 계신 하나님 아버지에게는 이름이 있으십니다. 예수님은 우리에게 그 이름을 알고, 그 이름을 거룩히 여기며, 그 이름에 영광을 돌리며, 그 이름을 따라 기도하라고 가르치십니다. 하나님은 거룩하시고, 하나님의 이름 역시 거룩합니다. 우리가 인정하든 인정하지 않든 하나님은 거룩하십니다. 하나님의 거룩하심은 우리의 믿음과 고백에 따라 달라지는 것이 아닙니다. 예수님은 제자들과 우리들이 하나님의 이름의 비밀을 알기 원하십니다. 이름 속에 담긴 하나님의 거룩함의 비밀을 알기 원하십니다. 하나님의 이름은 그분이 어떤 분이신가를 보여 주기 때문입니다.

하나님 아버지와 예수님은 하나이십니다. 그런 까닭에 하나님 아버지의 이름을 알면 예수님의 이름을 알 수 있고, 또한 예수님의 이름을 알면 하나님 아버지의 이름을 알 수 있습니다. 우리는 하나님 아버지의 이름을 알기 전에 예수님의 이름을 먼저 알았습니다. 우리는 예수님을 영접하고, 그 이름을 믿음으로 하나님의 자녀가 되었습니다.

> "영접하는 자 곧 그 이름을 믿는 자들에게는 하나님의 자녀가 되는 권세를 주셨으니" 요 1:12.

우리는 예수님께서 하나님의 아들 그리스도이심을 믿고 그 이름을 힘입어 생명, 즉 영생을 얻게 되었습니다.

> "오직 이것을 기록함은 너희로 예수께서 하나님의 아들 그리스도이심을 믿게 하려 함이요 또 너희로 믿고 그 이름을 힘입어 생명을 얻게 하려 함이니라" 요 20:31.

예수님의 이름 외에 어떤 이름도 인간을 구원할 수 없습니다. 우리는 오직 예수님의 이름으로만 구원을 받을 수 있습니다.

"다른 이로써는 구원을 받을 수 없나니 천하 사람 중에 구원을 받을 만한 다른 이름을 우리에게 주신 일이 없음이라 하였더라"행 4:12.

우리가 예수님의 이름을 통해 하나님의 자녀가 되고 영생을 얻고 구원을 얻었다는 사실을 강조해야 하는 이유가 무엇일까요? 예수님의 이름을 통하지 않고는 하나님 아버지를 알 수도 없고 하나님 아버지께 나아갈 수도 없으며 하나님의 이름을 알 수도 없기 때문입니다. 그러기에 우리는 하나님께 기도할 때 오직 예수님의 이름으로 기도해야 합니다.

"너희가 내 이름으로 무엇을 구하든지 내가 행하리니 이는 아버지로 하여금 아들로 말미암아 영광을 받으시게 하려 함이라"요 14:13.

우리는 주기도문을 가르쳐 주신 예수님의 이름과 하나님 아버지의 이름의 관계를 잘 알아야 합니다. 우리는 예수님의 이름을 통해 하나님 아버지의 이름의 비밀을 깨달을 수 있습니다. 또한 하나님 아버지의 이름을 알 때 하나님 아버지의 이름에 합당한 영광을 돌릴 수 있습니다.

1. 예수님은 하나님 아버지의 이름을 알리기 위해 오셨습니다

예수님의 마음에는 오직 하나님 아버지가 계셨습니다. 또한 성령님이 계셨습니다. 성부 성자 성령 삼위일체 하나님은 서로 친밀한 사랑을 나누셨습니다. 함께 창조의 일과 구속의 일을 이루셨습니다. 삼위일체 하나님은 한마음으로 동역하십니다. 서로를 존귀히 여기십니다. 서로의 이름을 존귀히 여기십니다. 예수님은 이 땅에서 자신의 이름보다 하나님 아버지의 이름을 나타내길 원하셨습니다. 하나님 아버지께서 주신 사람들에게 하나님 아버지의 이름을 나타내셨습니다.

"세상 중에서 내게 주신 사람들에게 내가 아버지의 이름을 나타내었나이다 그들은 아버지의 것이었는데 내게 주셨으며 그들은 아버지의 말씀을 지키었나이다" 요 17:6.

예수님은 거룩하신 아버지께서 그분의 이름으로 제자들을 보전해 주길 원하셨습니다. 그들도 하나가 되길 원하셨습니다.

"나는 세상에 더 있지 아니하오나 그들은 세상에 있사옵고 나는 아버지께로 가옵나니 거룩하신 아버지여 내게 주신 아버지의 이름으로 그들을 보전하사 우리와 같이 그들도 하나가 되게 하옵소서" 요 17:11.

예수님은 제자들에게 하나님 아버지의 이름을 알게 하셨고 또 그렇게 하기를 원하셨습니다.

"내가 아버지의 이름을 그들에게 알게 하였고 또 알게 하리니 이는 나를 사랑하신 사랑이 그들 안에 있고 나도 그들 안에 있게 하려 함이니이다" 요 17:26.

예수님은 하나님 아버지의 이름을 잘 아셨습니다. 왜냐하면 예수님은 하나님 아버지의 독생하신 아들이기 때문입니다. 독생자 예수님은 하나님 아버지의 이름의 신비를, 그 이름의 비밀을, 그 이름의 권능을 아셨습니다. 하나님 아버지와 예수님의 이름은 아주 밀접한 관계가 있습니다. 왜냐하면 예수님의 이름은 하나님 아버지의 이름을 반영하고 있기 때문입니다.

2. 하나님 아버지의 이름은 하나님이 어떤 분이신가를 보여 줍니다

히브리인들에게 있어 이름은 단순한 호칭이 아닙니다. 이름은 그 이름을 소유한 사람의 전 존재를 보여 주는 것입니다. 우리도 누군가의 이름을 생각하면 그 이름을 소유한 사람의 전 존재가 떠오릅니다. 어떤 사람의 이름을 알고 있다는 것은 그 사람의 모든 속성을 알고 있다는 것과 같습니다. 히브리인들은 하나님의 이름을 부르면, 하니님께서 바로 그 자리에 임재하신다고 믿었습니다. 그런 까닭에 하나님의 이름을 결코 함부로 부르지 않았습니다.

하나님의 이름 속에는 그분이 어떠한 분이신지가 담겨 있습니다. 하나님의 성품, 하나님의 지혜, 하나님의 능력, 하나님이 행하셨던 일과 지금 행하시고 계신 일, 그리고 앞으로 행하실 일들이 담겨 있습니다. 하나님의 모든 속성이 그분의 이름 속에 담겨 있습니다. 그러기에 우리는 하나님의 이름을 깊이 숙고하고 연구할수록 하나님을 깊이 알 수 있습니다.

우리 기도의 깊이와 너비와 높이와 크기는 우리가 알고 있는 하나님의 이름에 대한 지식과 관련되어 있습니다. 곧 하나님에 대한 지식과 관련되어 있습니다. 우리가 하나님의 이름을 안다는 것은 하나님과 우리의 관계가 어떤 관계인가를 알게 합니다. 또한 하나님과 우리의 관계가 어떻게 발전해왔는가를 알게 합니다.

처음 예수님을 만났을 때 저는 하나님의 이름에 대해 잘 알지 못했습니다. '하나님'이라는 이름만 알았고 '예수님'이라는 이름만 알았습니다. 성령님에 대해서는 잘 알지 못했습니다. 그런데 예수님을 믿고 영접한 후에, 성경을 읽으면서 점점 하나님의 이름의 비밀을 알게 되었고, 그 이름의 능력을 경험하게 되었습니다. 하나님이 얼마나 그분의 이름을 소중히 여기시는지를 알게 되었습니다. 하나님은 십계명에 그분의 이름을 망령되게 부르지 말라고 명하셨습니다.

"너는 네 하나님 여호와의 이름을 망령되게 부르지 말라 여호와는 그의 이름을 망령되게 부르는 자를 죄 없다 하지 아니하리라"출 20:7.

하나님을 참으로 만난 사람들은 그분의 이름에 관심이 많습니다. 구약 성경 가운데 처음 다섯 권의 책은 모세가 기록했습니다. 그래서 모세 오경이라고 부릅니다. 모세 오경 속에는 하나님의 이름에 대해 자세히 나옵니다. 모세가 하나님을 만났을 때 하나님께 여쭈었던 것이 바로 그분의 이름이었습니다.

"모세가 하나님께 아뢰되 내가 이스라엘 자손에게 가서 이르기를 너희의 조상의 하나님이 나를 너희에게 보내셨다 하면 그들이 내게 묻기를 그의 이름이 무엇이냐 하리니 내가 무엇이라고 그들에게 말하리이까"출 3:13.

하나님께서 모세의 질문에 친절하게 답해 주십니다.

"하나님이 모세에게 이르시되 나는 스스로 있는 자이니라 또 이르시되 너는 이스라엘 자손에게 이같이 이르기를 스스로 있는 자가 나를 너희에게 보내셨다 하라"출 3:14.

하나님의 대답이 너무 놀랍습니다. "나는 스스로 있는 사이니라." 영어 성경은 다음과 같이 번역합니다.

God said to Moses, "I AM WHO I AM. This is what you are to say to the Israelites: 'I AM has sent me to you.'" Exodus 3:14, NIV

하나님의 이름이 매우 신비롭습니다. 영어로 보면 "나는 이다"입니다. 그냥 "I AM"이 그분의 이름입니다. 하나님의 이름은 영원한 현재입니다. 하나님은 "나는 스스로 있는 자이다"라는 이름으로 이스라엘 백성에게 임하셨습니다. 하나님은 자존하십니다. 그 이름이 하나님의 영원한 이름이요 기억할 칭호라고 말씀하십니다.

"하나님이 또 모세에게 이르시되 너는 이스라엘 자손에게 이같이 이르기를 너희 조상의 하나님 여호와 곧 아브라함의 하나님, 이삭의 하나님, 야곱의 하나님께서 나를 너희에게 보내셨다 하라 이는 나의 영원한 이름이요 대대로 기억할 나의 칭호니라" 출 3:15.

하나님은 자신의 이름을 '스스로 있는 자'라고 나타내셨고, 우리는 그 이름이 곧 '여호와'라는 이름인 것을 보게 됩니다. 요한복음에 보면 예수님이 바리새인들에게 자신이 누구인지에 대해 말씀하시는 내용이 나옵니다. 예수님은 유대인들에게 자신이 아브라함이 나기 전부터 있었고, 아브라함이 예수님의 때를 볼 것을 즐거워하다가 보고 기뻐하였다고 말씀하셨습니다. 그때 유대인들이 예수님께 당신은 아직 오십 세도 못 되었는데 어떻게 아브라함을 보았느냐고 질문합니다. 그때 예수님께서 아주 놀라운 말씀을 그들에게 하십니다.

"예수께서 이르시되 진실로 진실로 너희에게 이르노니 아브라함이 나기 전부터 내가 있느니라 하시니" 요 8:58.

이 말씀을 자세히 보면 예수님께서 보통 문법으로는 이해가 되지 않는 시제를 사용하고 계신다는 것을 알게 됩니다. 예수님은 아브라함보다 2천년 후에 이 땅에 태어나신 분입니다. 만약에 예수님이 아브라함이 나기 전부터 계셨다면 "아브라함이 나기 전부터 내가 있었느니라"고 말씀하셔야 맞는 것 같습니다. 그런데 예수님은 "아브라함이 나기 전부터 내가 있느니라"고 말씀하셨습니다. 영어 성경으로 보면 조금 더 이해가 쉬워집니다.

"I tell you the truth," Jesus answered, "before Abraham was born, I am!" John 8:58

여기서 영어로 "I am!"이라는 선언은 헬라어로 '에고 에이미'라는 말입니다. 이 선언은 출애굽기 3장에 하나님께서 모세에게 자신의 이름을 나타내셨던 때와 같습니다. 곧 예수님은 하나님 아버지와 자신을 하나라고 말씀하고 계시는 것입니다. 하나님 아버지의 이름이 "I AM"인 것처럼 나도 "I AM"이라고 말씀하고 계시는 것입니다. 더 놀라운 사실은 예수님께서 "나는 이다"라는 그 중간에 자신이 누구인가를 채워 넣으신 것입니다. 요한복음에는 예수님의 여덟 번의 자기 선언이 나옵니다. 그것은 모두 "I AM"으로 시작합니다.

① 나는 생명의 떡이다.
"예수께서 이르시되 나는 생명의 떡이니 내게 오는 자는 결코 주리지 아니할 터이요 나를 믿는 자는 영원히 목마르지 아니하리라"요 6:35.

② 나는 세상의 빛이다.
"예수께서 또 말씀하여 이르시되 나는 세상의 빛이니 나를 따르는 자는 어둠에 다니지 아니하고 생명의 빛을 얻으리라"요 8:12.

③ 나는 양의 문이다.
"그러므로 예수께서 다시 이르시되 내가 진실로 진실로 너희에게 말하노니 나는 양의 문이라"요 10:7.

④ 나는 선한 목자다.
"나는 선한 목자라 선한 목자는 양들을 위하여 목숨을 버리거니와" 요 10:11.

⑤ 나는 부활이요 생명이다.

"예수께서 이르시되 나는 부활이요 생명이니 나를 믿는 자는 죽어도 살겠고 무릇 살아서 나를 믿는 자는 영원히 죽지 아니하리니 이것을 네가 믿느냐"요 11:25-26.

⑥ 나는 참포도나무다.

"나는 참포도나무요 내 아버지는 농부라"요 15:1.

⑦ 나는 길이요 진리요 생명이다.

"예수께서 이르시되 내가 곧 길이요 진리요 생명이니 나로 말미암지 않고는 아버지께로 올 자가 없느니라"요 14:6.

⑧ 나는 왕이다.

"빌라도가 이르되 그러면 네가 왕이 아니냐 예수께서 대답하시되 네 말과 같이 내가 왕이니라 내가 이를 위하여 태어났으며 이를 위하여 세상에 왔나니 곧 진리에 대하여 증언하려 함이로라 무릇 진리에 속한 자는 내 음성을 듣느니라 하신대"요 18:37.

구약에서 여호와 하나님은 자신의 이름을 "나는 스스로 있는 자", 영어로는 "I AM WHO I AM"이라고 말씀하셨고, 예수님은 "I AM"이라는 선언을 통해 하나님 아버지의 이름의 뜻을 드러내셨습니다. 예수님의 자기 선언은 자신이 누구인가를 보여 주는 동시에 하나님이 어떠한 분이신가를 보여 줍니다.

예수님이 이 땅에 태어나실 때에 바로 그분의 이름이 나오고, 그분의 이름이 의미하는 바가 나옵니다.

> "아들을 낳으리니 이름을 예수라 하라 이는 그가 자기 백성을 그들의 죄에서 구원할 자이심이라 하니라" 마 1:21.

마태복음 1장 21절에서 예수님의 이름은 '구원자'라는 뜻을 가지고 있습니다.

> "보라 처녀가 잉태하여 아들을 낳을 것이요 그의 이름은 임마누엘이라 하리라 하셨으니 이를 번역한즉 하나님이 우리와 함께 계시다 함이라" 마 1:23.

마태복음 1장 23절에 나오는 임마누엘이라는 이름은 '하나님이 우리와 함께 계시다'라는 뜻을 가지고 있습니다. 구약을 보면 이미 예수님의 이 이름이 예언되어 있습니다.

> "이는 한 아기가 우리에게 났고 한 아들을 우리에게 주신 바 되었는데 그의 어깨에는 정사를 메었고 그의 이름은 기묘자라, 모사라, 전

능하신 하나님이라, 영존하시는 아버지라, 평강의 왕이라 할 것임이라"사 9:6.

구약에는 장차 오실 예수님의 이름이 다양하게 묘사되어 나옵니다. 그 다양한 이름은 하나님 아버지의 이름과 아주 밀접하게 연결되어 있습니다.

예수님은 이 땅에 오셔서 하나님 아버지의 이름의 비밀을 드러내셨습니다. 우리는 하나님의 이름 속에서 그분이 창조주이시요 구원자이심을 알게 됩니다. 우리의 목자이심을 알게 됩니다. 평강의 왕이심을 알게 됩니다. 전능한 분이심을 알게 됩니다. 생명의 창조자이시요 생명을 주시는 분임을 알게 됩니다.

출애굽기 33장에서 모세는 하나님께 "주의 영광을 내게 보이소서"라고 간구합니다. 그때 하나님께서는 여호와의 이름과 함께 자신에 대해 다음과 같이 선포하십니다.

"모세가 이르되 원하건대 주의 영광을 내게 보이소서"출 33:18.
"여호와께서 이르시되 내가 내 모든 선한 것을 네 앞으로 지나가게 하고 여호와의 이름을 네 앞에 선포하리라 나는 은혜 베풀 자에게 은혜를 베풀고 긍휼히 여길 자에게 긍휼을 베푸느니라"출 33:19.

이렇듯 모세는 하나님의 이름을 통해 하나님이 어떤 분이신가를 점점 더 깊이 알아가게 되었습니다.

3. 하나님의 이름을 알 때 우리의 신앙은 더욱 성장하게 됩니다

창세기 11장에 나오는 바벨탑의 비극은, 사람들이 하나님의 이름과 그분의 영광보다 자신의 이름을 드러내는 데서 시작되었습니다창 11:4. 그래서 하나님은 그들의 언어를 혼잡케 하사 그들을 흩으셨습니다. 그리고 하나님의 이름을 존귀케 할 한 사람 아브라함을 선택하셨습니다. 하나님은 아브라함을 선택하시면서 그의 이름을 창대하게 하겠다고 약속해 주셨습니다.

> "내가 너로 큰 민족을 이루고 네게 복을 주어 네 이름을 창대하게 하리니 너는 복이 될지라"창 12:2.

하지만 아브라함은 자신의 이름을 창대하게 하지 않고 하나님의 이름을 존귀하게 했습니다. 그는 가는 곳마다 하나님께 예배를 드리는 제단을 쌓고 하나님의 이름을 불렀습니다.

> "여호와께서 아브람에게 나타나 이르시되 내가 이 땅을 네 자손에게 주리라 하신지라 거기에 나타나신 여호와께 그가 그 곳에서 제단을 쌓고 거기서 벧엘 동쪽 산으로 옮겨 장막을 치니 서쪽은 벧엘이요 동쪽은 아이라 그가 그 곳에서 여호와께 제단을 쌓고 여호와

의 이름을 부르더니"창 12:7-8.

하나님은 아브라함의 신앙 여정에서 아주 다양한 이름으로 나타나십니다. 그의 신앙을 한 단계 올리실 때마다 새로운 이름을 계시해 주셨습니다. 엘머 타운즈는 이 사실을 다음과 같이 기록하고 있습니다.

> 하나님은 아브라함을 더 높은 수준으로 끌어올리실 때마다 새로운 이름을 계시하셨다. 아브라함은 하나님을 여호와로 알았다. 그러나 아브라함이 전쟁에서 얻은 것에서 십분의 일을 멜기세덱에게 주었을 때, 그는 엘 엘리온El Elyon, 지극히 높으신 하나님, 천지의 주재창 14:18-19라는 하나님의 새로운 이름을 배우게 되었다 … 약속하신 기업을 이을 상속자가 없음을 인하여 아브라함이 하나님께 기도로 호소했을 때, 하나님은 그에게 또 다른 이름 아도나이Adonai, 주인Master 혹은 주Lord를 계시하셨다창 15:2. 하늘의 영원하신 주 하나님께서 아브라함을 주종 관계 속에서 돌보실 것이다. 그 후 아브라함은 하나님이 엘 샤다이El Shaddai로서 자기를 양육하시며 강하게 붙들어 주시는 분이라는 것창 17:1과 하나님의 오묘하신 이름이 엘 올람El Olam, 영생하시는 하나님이라는 것창 21:33, 그리고 하나님께서 여호와 이레Jehovah-Jireh, 창 22:14로서 자기를 위하여 준비하시는 분이라는 사실을 배우게 되었다. 아브라함은 하나님과 더 깊은 관계로 들어갈 때마다, 그는 하나님의 새로운 이름을

통하여 그분의 새로운 속성을 배우게 된 것이다. 엘머 타운즈, 「구약에 나타난 하나님의 이름들」, 생명의 말씀사, 18-19쪽

'엘 샤다이'라는 이름은 '전능하신 하나님'이라는 뜻으로 하나님께서 아브라함이 99세 때에 계시해 주신 이름입니다. 즉, 99세의 나이에도 아들을 낳게 해 주실 수 있는 전능자로 자신을 나타내신 것입니다. '여호와 이레'라는 이름은 '준비해 주시는 하나님'이라는 뜻입니다. 이 이름은 모리아 산에서 이삭을 대신해서 숫양을 준비해 주실 때 계시해 주신 이름입니다.

구약에서 가장 두드러진 하나님의 이름은 '엘로힘', '여호와', '아도나이'입니다. 하나님은 이 세 이름 외에도 여러 가지 이름으로 자신을 계시하셨습니다. 다시 한 번 정리해 드리면 다음과 같은 하나님의 이름을 구약에서 만날 수 있습니다.

- 엘로힘 Elohim – 창조주 하나님
- 엘 엘리온 El Elyon – 지극히 높으신 하나님
- 엘 로이 El Roi – 감찰하시는 하나님
- 엘 샤다이 El Shaddai – 전능하신 하나님
- 엘 올람 El Olam – 영생하시는 하나님
- 엘 칸나 El Kanna – 질투하시는 하나님
- 여호와 Jehovah – 스스로 계시는 하나님

여호와 이레 Jehovah Jireh – 준비해 주시는 하나님

여호와 라파 Jehovah Rapha – 치료의 하나님

여호와 닛시 Jehovah Nissi – 승리의 깃발 되시는 하나님

여호와 카데쉬 Jehovah Kadesh – 거룩하게 하시는 하나님

여호와 샬롬 Jehovah Shalom – 평강의 하나님

여호와 체바오트 Jehovah Sabaoth – 만군의 주 하나님

여호와 로이 Jehovah Roi – 목자가 되시는 하나님

여호와 멜렉 Jehovah Melek – 왕이신 하나님

여호와 칫케누 Jehovah Tsidqenu – 우리의 의가 되시는 하나님

여호와 삼마 Jehovah Shammah – 거기에 계신 하나님

아도나이 Adonai – 주가 되시는 하나님

저는 장시간 기도할 때면 하나님의 이름을 묵상하며 기도합니다. 하나님의 특별한 공급하심을 구할 때에는 '여호와 이레'의 이름을 부르며 기도하고, 하나님의 전능하신 손길과 기적을 구할 때에는 '엘 샤다이'의 이름을 부르며 기도합니다. 하나님의 치유의 손길을 구할 때에는 '여호와 라파'의 이름을 부르며 기도하고, 하나님의 승리의 손길을 구할 때에는 '여호와 닛시'의 이름을 부르며 기도합니다. 하나님의 평강을 구할 때에는 '여호와 샬롬'의 이름을 부르며 기도하고, 목자되시는 하나님의 인도를 구할 때에는 '여호와 로이'의 이름을 부르며 기도합니다. 하나님의 이름에는 놀라운 능력이 있습니다. 우리가 하나님

의 이름을 부를 때, 그분은 강한 능력으로 응답해 주십니다.

4. 하나님의 이름만이 거룩히 여김을 받기를 소원하십시오

하나님은 거룩하십니다. 그러기에 그분의 이름 또한 거룩합니다. 그리고 하나님은 우리가 거룩하길 원하십니다.

> "너희는 스스로 깨끗하게 하여 거룩할지어다 나는 너희의 하나님 여호와이니라 너희는 내 규례를 지켜 행하라 나는 너희를 거룩하게 하는 여호와니라"레 20:7-8.

거룩이라는 단어는 히브리어로 '카다쉬'qadash와 헬라어 '하기오스'hagios에서 나왔습니다. 이 말은 '구별하다'라는 의미로 특별한 목적을 위해 구별할 때 그것이 거룩하게 되는 것을 말합니다. 똑같은 그릇이지만 하나님의 성전에서 사용되도록 '구별'되면, 그 그릇은 거룩한 그릇이 됩니다. 사람도 하나님이 선택하셔서 '구별'하실 때 거룩한 사람, 즉 성도가 됩니다. 우리가 거룩해서가 아니라 하나님이 구별하시는 순간 거룩한 성도가 되는 것입니다.

예수님이 주기도문에서 '이름이 거룩히 여김을 받으시오며'라고 기도하도록 가르치신 것은, 하나님의 이름이 구별된다는 것을 의미합니다.

특별히 하나님을 믿는 사람들이 거룩하신 하나님을 경외하지 않고 망령되이 여길 때, 하나님은 이방인들 가운데서 모독을 받으시게 됩니다. 바울은 당시 유대인들의 죄가 바로 그런 죄라고 말했습니다.

> "기록된 바와 같이 하나님의 이름이 너희 때문에 이방인 중에서 모독을 받는도다" 롬 2:24.

우리가 기도드릴 때 해야 할 첫 번째 일은 하나님의 이름에 합당한 영광을 돌리는 것입니다. 거룩은 하나님께서 가장 중요하게 여기시는 그분의 속성입니다. 하나님이 거룩하시기 때문에 우리를 거룩하게 하실 수 있습니다. 하나님이 거룩하시기 때문에 우리도 거룩하기를 원하십니다. 이사야가 만난 하나님은 거룩하신 하나님이었습니다.

> "스랍들이 모시고 섰는데 각기 여섯 날개가 있어 그 둘로는 자기의 얼굴을 가리었고 그 둘로는 자기의 발을 가리었고 그 둘로는 날며 서로 불러 이르되 거룩하다 거룩하다 거룩하다 만군의 여호와여 그의 영광이 온 땅에 충만하도다 하더라" 사 6:2-3.

이사야는 거룩하신 하나님을 만났을 때 자신이 얼마나 부정한 사람인가를 알았습니다.

> "그때에 내가 말하되 화로다 나여 망하게 되었도다 나는 입술이 부

정한 사람이요 나는 입술이 부정한 백성 중에 거주하면서 만군의 여호와이신 왕을 뵈었음이로다 하였더라"사 6:5.

그가 자신의 부정함을 알고 회개했을 때 하나님께서 그의 죄악을 사해 주셨습니다. 그를 성결케 해 주셨습니다.

"그때에 그 스랍 중의 하나가 부젓가락으로 제단에서 집은 바 핀 숯을 손에 가지고 내게로 날아와서 그것을 내 입술에 대며 이르되 보라 이것이 네 입에 닿았으니 네 악이 제하여졌고 네 죄가 사하여졌느니라 하더라"사 6:6-7.

하나님께서는 구약에서 안식일을 거룩하게 하셨습니다. 하나님은 그 날을 거룩하게 하셨고, 또한 그 날에 이스라엘 백성들을 거룩하게 하기로 작정하셨습니다.

"너는 이스라엘 자손에게 말하여 이르기를 너희는 나의 안식일을 지키라 이는 나와 너희 사이에 너희 대대의 표징이니 나는 너희를 거룩하게 하는 여호와인 줄 너희가 알게 함이라"출 31:13.

하나님이 우리를 구원하신 목적 중 하나는 우리를 거룩하게 하는 것입니다. 우리가 거룩해야만 거룩하신 하나님 앞에 머물 수 있기 때문입니다. 거룩하신 하나님께 영광을 돌릴 수 있기 때문입니다. 그러나 우리가 거룩하게 된 것은 우리의 거룩한 행실 때문이 아닙니다. 우리는 죄인입니다. 행악자입니다. 우리는 불의를 행했습니다. 우리는 오직 예수님께서 십자가에 죽으심으로 거룩함을 얻게 되었습니다.

"이 뜻을 따라 예수 그리스도의 몸을 단번에 드리심으로 말미암아 우리가 거룩함을 얻었노라" 히 10:10.

예수님의 보혈로 거룩함을 입은 우리는 계속해서 하나님의 말씀과 성령님의 도우심을 따라 거룩한 삶을 살아갈 수 있습니다. 거룩함을 입은 우리는 거룩함을 따라 살아야 합니다.

"모든 사람과 더불어 화평함과 거룩함을 따르라 이것이 없이는 아무도 주를 보지 못하리라" 히 12:14.

예수님은 제자들을 위해 중보기도를 드리실 때 그들이 진리로 거룩하게 되길 원하셨습니다.

"그들을 진리로 거룩하게 하옵소서 아버지의 말씀은 진리니이다" 요 17:17.

하나님은 우리를 거룩하게 하셨고, 또한 우리가 거룩한 삶을 살기를 원하십니다.

"평강의 하나님이 친히 너희를 온전히 거룩하게 하시고 또 너희의 온 영과 혼과 몸이 우리 주 예수 그리스도께서 강림하실 때에 흠 없게 보전되기를 원하노라"살전 5:23.

레오나드 레이븐힐의 말에 귀를 기울여 보십시오.

"하나님이 이루실 수 있는 가장 큰 기적은 거룩하지 않은 사람을 거룩하지 않은 세상에서 데려다가 거룩한 사람으로 만들어 다시 거룩하지 않은 세상에 내어놓고 그를 그 속에서 거룩하게 지키는 것이다." 레오나드 레이븐힐

하나님은 우리를 거룩한 백성으로 부르셨습니다. 우리는 거룩한 삶을 살 때 하나님께 영광을 돌리게 됩니다. 거룩은 삶의 성스러운 맛이요 성스러운 즐거움입니다. 신성한 유쾌함입니다. 차원 높은 기쁨입니다.

"거룩이 재미없는 것이라고 생각하는 사람은 정말 모르는 사람이다. 일단 그것을 만나면 결코 저항할 수 없다. 세계 인구 중 10%가 그것을 소유하고 있다면, 이 해가 가기 전에 세상은 완전히 달라질 것이다.

참으로 행복하게 될 것이다." C.S. 루이스

거룩은 정결함입니다. 더러운 것이 아닙니다. 부정한 것이 아닙니다. 음란한 것이 아닙니다. 거룩은 고결한 것입니다. 성스러운 것입니다. 능력입니다. 놀라운 영향력입니다.

> "거룩한 삶의 잔잔하고도 고요한 아름다움은 하나님의 영의 능력 다음으로 세상에서 가장 큰 영향을 미친다." 블레이즈 파스칼

거룩은 거룩하신 하나님을 바라볼 때 더욱 강렬하게 나타납니다. 거룩을 추구하는 사람의 기도는 강력합니다. 거룩하신 하나님을 높이고, 거룩하신 하나님을 앙망하고, 거룩하신 말씀과 거룩하신 성령님을 가까이 하는 사람은 거룩한 빛을 발하게 됩니다.

◇◇◇◇◇

하나님은 그분의 거룩한 이름을
영화롭게 하는 사람을 사랑하십니다

◇◇◇◇◇

하나님은 아브라함을 사랑하셔서 그의 이름을 창대케 하셨습니다.

그 이유는 아브라함이 하나님의 이름을 영화롭게 했기 때문입니다. 하나님은 특별히 다윗을 사랑하셨습니다. 그 이유는 다윗이 하나님의 이름을 알았고, 그분의 이름을 찬양했기 때문입니다.

"여호와 우리 주여 주의 이름이 온 땅에 어찌 그리 아름다운지요 주의 영광이 하늘을 덮었나이다"시 8:1.

다윗은 하나님의 이름을 외치며 골리앗에게 나아갔습니다. 그는 창과 칼을 의지하지 않고, 오직 하나님의 이름만을 의지했습니다. 그분의 이름을 높였습니다.

"어떤 사람은 병거, 어떤 사람은 말을 의지하나 우리는 여호와 우리 하나님의 이름을 자랑하리로다"시 20:7.
"나와 함께 여호와를 광대하시다 하며 함께 그의 이름을 높이세"시 34:3.

하나님은 그분을 사랑하고 그분의 이름을 알고 높이는 사람을 존귀케 하십니다.

"하나님이 이르시되 그가 나를 사랑한즉 내가 그를 건지리라 그가 내 이름을 안즉 내가 그를 높이리라"시 91:14.

하나님의 이름에 합당한 영광을 돌리십시오. 가장 소중한 것을 하나님께 드리며 예배하십시오.

"여호와의 이름에 합당한 영광을 그에게 돌릴지어다 예물을 들고 그의 궁정에 들어갈지어다" 시 96:8.

하나님의 이름은 견고한 망대입니다. 하나님의 이름과 그분의 거룩하심보다 안전한 것은 없습니다.

"여호와의 이름은 견고한 망대라 의인은 그리로 달려가서 안전함을 얻느니라" 잠 18:10.

하나님의 이름을 배우십시오. 하나님의 이름을 알고 경험하십시오. 하나님의 이름을 욕되게 하는 삶을 살지 않도록 주의하십시오. 우리의 잘못과 부정한 행실 때문에 하나님의 이름이 이방인들 가운데 모독을 받는다면 그것은 매우 가슴 아픈 일입니다. 우리가 거룩하신 하나님의 이름을 높이고 거룩을 추구할 때 하나님은 영광을 받으실 것입니다.

기도할 때 먼저 하나님의 이름을 생각하십시오. 하나님의 이름만이 오직 거룩히 여김을 받으시길 간구하십시오. 하나님의 이름을 따라 기도하십시오. 하나님의 이름 속에 그분의 모든 것이 담겨 있습니다. 우리는 하나님의 자녀입니다. 하나님은 그분의 이름 속에 하나님의 자녀에게 필요한 모든 것을 공급하시는 비밀을 담아 두셨습니다. 하나님은 그분의 이름을 높이는 사람의 이름을 존귀케 하십니다. 하나님을 변호하는 사람을 변호해 주십니다.

하나님의 이름이 능력 있는 기도의 원천입니다. 하나님의 이름이 승리의 비결입니다. 하나님의 이름을 통해 깊은 기도 속으로 들어가시길 바랍니다.

| 하나님의 나라가 임하도록 드리는 기도 |

주기도문은 하나님의 통치가 임하는 기도입니다

Chapter 4

마 6:10
나라가 임하시오며 뜻이 하늘에서 이루어진 것 같이 땅에서도 이루어지이다

주기도문은
하나님의
마음입니다

◇◇◇◇◇
주기도문은 기도의 우선순위를
잘 가르쳐 줍니다
◇◇◇◇◇

예수님께서 가르쳐 주신 주기도문을 묵상하면 기도에도 우선순위가 있는 것을 알게 됩니다. 첫 번째로 예수님께서는 아버지의 이름이 거룩히 여김을 받으시도록 기도하라고 가르치셨습니다. 두 번째로는 '나라가 임하시오며'라는 기도를 드리라고 가르치셨습니다. 우리가 먼저 구해야 할 것은 하나님의 나라와 그의 의를 구하는 것임을 알게 됩니다.

"그런즉 너희는 먼저 그의 나라와 그의 의를 구하라 그리하면 이 모든 것을 너희에게 더하시리라" 마 6:33.

우리는 주기도문을 통해 기도를 배우면서 주님이 가르쳐 주신 기도가 얼마나 섬세하고 정교한지를 깨닫게 됩니다. 달라스 윌라드 교수는 주기도문의 중요성을 다음과 같이 기록하고 있습니다.

> 주기도문은 우리에게 기도를 가르치는 하나의 기도이다. 그것은 기도 생활의 기초이다. 입문이자 지속적 기반이다. 그것은 모든 기도의 영원한 틀이다. 그 안에 머무를 때에만 그 밖으로 넘어갈 수 있다. 달라스 윌라드, 「하나님의 모략」, 복있는 사람. 363쪽

달라스 윌라드 교수는 주기도문을 '우리에게 기도를 가르치는 기도'라고 강조합니다. 주기도문은 기도 생활의 기초이며 기도의 입문이요 지속적인 기반이라고 강조합니다. 또한 모든 기도의 영원한 틀이라고 강조합니다. 그러므로 우리는 거듭 주기도문으로 돌아가서 기도의 기본을 다져야 합니다.

우리는 여기서 "예수님께서 왜 우리에게 '나라가 임하시오며'라는 기도를 드리게 했을까?"라는 질문을 하게 됩니다. 주기도문에서 예수님이 말씀하신 나라는 무슨 나라일까요? 예수님이 말씀하신 나라가 임한다는 것은 무슨 뜻일까요? 우리가 기도를 드릴 때 어떤 나라가 임하는 것일까요? 나라가 임하면 어떤 일이 일어나는 것일까요?

1. 예수님은 하나님의 나라를 선포하기 위해 오셨습니다

예수님이 주기도문에서 말씀하신 나라는 하나님의 나라, 천국입니다. 마태복음에서는 '천국'이라는 말이 반복해서 나오고, 다른 복음서에서는 '하나님의 나라'로 표현되어 나옵니다. 예수님은 세례를 받으시고 성령 충만을 받으신 후에 마귀의 유혹을 받으셨습니다. 그때 마귀가 유혹했던 것은 천하만국과 그 영광이었습니다.

> "마귀가 또 그를 데리고 지극히 높은 산으로 가서 천하만국과 그 영광을 보여 이르되 만일 내게 엎드려 경배하면 이 모든 것을 네게 주리라"마 4:8-9.

마귀는 자신에게 경배하면 천하만국과 그 영광을 주겠노라며 예수님을 유혹했습니다. 마치 자신이 천하만국을 다스리는 것처럼, 그 영광을 자신이 줄 수 있는 것처럼 말했습니다. 그러나 예수님은 마귀가 제공한 나라와 그 영광을 거절하셨습니다. 오직 말씀으로 사탄을 물리치셨습니다.

> "이에 예수께서 말씀하시되 사탄아 물러가라 기록되었으되 주 너의 하나님께 경배하고 다만 그를 섬기라 하였느니라"마 4:10.

마귀의 유혹을 물리치신 예수님께서 이 땅에 맨 처음 선포하신 메시지가 바로 천국의 메시지입니다.

"이 때부터 예수께서 비로소 전파하여 이르시되 회개하라 천국이 가까이 왔느니라 하시더라"마 4:17.

예수님의 관심이 천국에 있으셨기에 이 땅에 오셔서 천국 복음을 전파하신 것입니다.

"예수께서 온 갈릴리에 두루 다니사 그들의 회당에서 가르치시며 천국 복음을 전파하시며 백성 중의 모든 병과 모든 약한 것을 고치시니"마 4:23.

예수님께서 우리에게 선포하신 천국 복음은 '천국에 관한 복음'입니다. 예수님의 가르침은 천국 백성들을 위한 것이었습니다. 마태복음 5-7장을 우리는 산상수훈이라고 부릅니다. 또한 천국 헌장이라고도 부릅니다. 그것은 천국 백성이 살아야 할 삶의 강령, 즉 천국의 윤리를 의미합니다. 예수님은 산상수훈에서 천국에 대해 자주 말씀하셨습니다.

"심령이 가난한 자는 복이 있나니 천국이 그들의 것임이요"마 5:3.
"그러므로 누구든지 이 계명 중의 지극히 작은 것 하나라도 버리고 또 그같이 사람을 가르치는 자는 천국에서 지극히 작다 일컬음을 받을 것이요 누구든지 이를 행하며 가르치는 자는 천국에서 크다 일컬음을 받으리라"마 5:19.

"내가 너희에게 이르노니 너희 의가 서기관과 바리새인보다 더 낫지 못하면 결코 천국에 들어가지 못하리라"마 5:20.

서기관과 바리새인보다 더 나은 의는 은혜입니다. 은혜로 주어지는 의입니다. 우리는 예수님께서 은혜로 우리에게 전가해 주시는 의를 힘입어 천국에 들어가게 됩니다.

"그리스도 예수 안에 있는 속량으로 말미암아 하나님의 은혜로 값없이 의롭다 하심을 얻은 자 되었느니라"롬 3:24.

예수님 안에 있는 속량으로 말미암아 하나님의 은혜로 값없이 의롭다 하심을 얻는 것, 바로 그것이 천국 복음입니다. 예수님은 천국이 가까이 왔다고 말씀하셨습니다. 예수님은 천국 복음을 전파하셨을 뿐만 아니라 천국에 들어갈 것에 대해서도 말씀하셨습니다. 또한 천국과 함께 지옥에 대해서도 말씀하셨습니다. 천국에 들어가지 못하면 지옥불에 들어간다고 말씀하셨습니다.

"나는 너희에게 이르노니 형제에게 노하는 자마다 심판을 받게 되고 형제를 대하여 라가라 하는 자는 공회에 잡혀가게 되고 미련한 놈이라 하는 자는 지옥 불에 들어가게 되리라"마 5:22.

예수님의 메시지의 핵심은 천국이었습니다. 지옥에 대해서도 언급하셨지만 천국에 대해 더 많이 말씀하셨습니다. 예수님은 천국을 누구보다 잘 아셨습니다. 또한 지옥의 비참함도 잘 아셨습니다. 그런 까닭에 예수님은 우리를 천국으로 인도하길 원하셨던 것입니다.

예수님은 천국에 대해 가르치실 때, 주로 비유를 사용하셨습니다. 여러 가지 비유를 통해 천국의 윤리와 원리, 능력과 그 영향력에 대해 말씀하셨습니다. 씨 뿌리는 비유, 땅에 감추인 보화의 비유, 값진 진주의 비유, 알곡과 가라지의 비유, 열 처녀의 비유, 달란트의 비유, 양과 염소의 비유 등을 통해 하나님의 나라에 대해 말씀하셨습니다. 예수님은 제자들의 관심을 천국에 두게 하셨습니다.

예수님의 복음의 핵심은 천국이었습니다. 예수님이 십자가에 달려 돌아가시고 부활하신 후에 제자들에게 나누신 메시지도 하나님 나라의 일이었습니다.

"그가 고난 받으신 후에 또한 그들에게 확실한 많은 증거로 친히 살아 계심을 나타내사 사십 일 동안 그들에게 보이시며 하나님 나라의 일을 말씀하시니라"행 1:3.

사도행전은 하나님의 나라로 시작해서 하나님의 나라로 결론을 맺습니다. 사도 바울이 로마에 끌려가서 전한 복음도 천국 복음이었습니다. 그는 셋방에서 하나님의 나라에 대해 가르쳤습니다.

"바울이 온 이태를 자기 셋집에 머물면서 자기에게 오는 사람을 다 영접하고 하나님의 나라를 전파하며 주 예수 그리스도에 관한 모든 것을 담대하게 거침없이 가르치더라" 행 28:30-31.

여기서 우리 스스로에게 질문을 해 봅시다. 우리는 진정 하나님의 나라에 대해 얼마나 관심을 갖고 있는지 말입니다. 그렇다면 예수님이 말씀하신 하나님의 나라는 무엇을 의미하는 것일까요?

2. 하나님의 나라는 하나님께서 다스리시는 나라입니다

나라를 세울 때 가장 중요한 것은 주권, 백성, 영토입니다. 그러나 가장 중요한 것은 누가 그 나라를 다스리느냐 하는 것입니다. 천국은 공간으로 이해하기 전에 통치로 이해해야 합니다.

하나님의 나라는 하나님께 속한 나라, 하나님이 친히 통치하시는 나라입니다. 예수님은 이 세상에 오셔서 하나님의 나라에 속하셨고 하나님의 통치를 받으셨습니다. 예수님이 친히 천국이 되신 것입니다. 그래서 예수님이 가시는 곳마다 하나님의 나라가 임했고, 하나님의 통치가 임했습니다.

예수님이 이 땅에 오셨을 때, 비록 임시이긴 하지만 마귀도 친히 자기 왕국을 형성하고 있었습니다. 흑암의 권세로 사람들을 움직이고 있었습니다. 사람들 속에 들어가 그들을 다스리고 괴롭혔습니다. 예수님은 바로 그 마귀의 권세, 흑암의 권세 아래 있는 사람들을 구원하기 위해 이 땅에 오셨습니다. 그런데 바리새인들은 예수님이 귀신을 쫓아내시는 것을 보고, 예수님이 귀신의 왕 바알세불을 힘입어 귀신을 쫓아낸다고 말했습니다. 그때 예수님께서는 다음과 같이 말씀하셨습니다.

"만일 사탄이 사탄을 쫓아내면 스스로 분쟁하는 것이니 그리하고야 어떻게 그의 나라가 서겠느냐 또 내가 바알세불을 힘입어 귀신을 쫓아내면 너희의 아들들은 누구를 힘입어 쫓아내느냐 그러므로 그들이 너희의 재판관이 되리라" 마 12:26-27.

예수님은 귀신의 나라, 즉 귀신이 통치하는 나라가 있음을 말씀하셨습니다. 그리고 바리새인들에게 귀신의 왕을 힘입은 것이 아니라 성령님을 힘입은 것이라고 말씀하셨습니다.

"그러나 내가 하나님의 성령을 힘입어 귀신을 쫓아내는 것이면 하나님의 나라가 이미 너희에게 임하였느니라" 마 12:28.

마가복음 5장에 보면 군대 귀신 들린 사람이 나옵니다. 우리는 그를 거라사의 광인이라고 부릅니다. 성경은 그 귀신을 더러운 귀신이라고 말합니다. 이 사람은 무덤 사이에 거했습니다. 밤낮 무덤 사이에서나 산에서 소리를 지르고 돌로 자기 몸을 해쳤습니다. 마귀가 통치함으로 그는 비참한 삶을 살아가고 있었습니다. 그러던 어느 날 그가 예수님을 만났습니다. 그때 하나님의 나라가 임했습니다. 그는 온전해졌습니다.

"예수께 이르러 그 귀신 들렸던 자 곧 군대 귀신 지폈던 자가 옷을 입고 정신이 온전하여 앉은 것을 보고 두려워하더라" 막 5:15.

예수님을 만난 거라사의 광인이 체험한 것은 하나님의 나라였습니다. 그는 변화되어 예수님이 하신 일을 가족뿐만 아니라 데가볼리에 전파했습니다.

"그가 가서 예수께서 자기에게 어떻게 큰일을 행하셨는지를 데가볼리에 전파하니 모든 사람이 놀랍게 여기더라" 막 5:20.

사람마다 자기가 다스리는 나라가 있습니다. 통치 영역이 있습니다. 하나님은 천지를 창조하신 후에 사람들에게 통치권을 어느 정도 허락해 주셨습니다.

> "하나님이 이르시되 우리의 형상을 따라 우리의 모양대로 우리가 사람을 만들고 그들로 바다의 물고기와 하늘의 새와 가축과 온 땅과 땅에 기는 모든 것을 다스리게 하자 하시고" 창 1:26.

사람은 하나님이 허락해 주신 자기 나름대로의 통치 영역 안에서 자기 나름대로의 나라를 형성하고 다스리고 있습니다.

> "인간은 누구나 예외 없이 자기 안에 '나라' 또는 '정부'–모든 사건이 나의 선택으로 좌우되는 나만의 독특한 영역–를 갖고 있다." 달라스 윌라드

달라스 윌라드 교수는 이 점을 다음과 같이 설명하고 있습니다.

> 우리는 세상의 적정 영역을 '다스리도록' 지음 받는 존재라는 사실이다. 이것이야말로 우리 안에 있는 하나님의 형상의 핵심이요 피조물 인간의 기본 숙명이다. 우리 모두는 하나님의 위대한 우주에서 중요한 가치를 발하도록 영원히 독특한 부름을 받은 끊임없는 영적 존재이다. 달라스 윌라드, 같은 책, 53쪽

하나님은 우리에게 선택할 수 있는 의지와 다스릴 수 있는 의지를 주셨습니다. 스스로 결정할 수 있는 결정권을 주셨습니다. 우리는 그 의지와 결정권을 가지고 우리들의 나라를 세우고 있는 것입니다.

'나라'는 한마디로 우리의 의지가 유효한 영역이다. 우리가 진정 결정권을 가지고 있는 일마다 우리의 나라 안에 있다. 결정권이 있다는 바로 그 점이, 그 일을 우리의 나라 안에 있게 하는 요소이다. 하나님은 인간을 창조하실 때 제한된 영역을 다스리고 통치하고 지배하게 하셨다. 그럴 때에만 인간은 인간일 수 있다. 달라스 윌라드, 같은 책, 53쪽

그런데 문제는 인간이 타락함으로 하나님의 뜻을 따라 자신에게 맡겨진 영역을 다스리지 못하게 된 것입니다. 흑암의 권세 아래 놓이게 되었고 자기 멋대로 살아가게 된 것입니다.

"모든 인간은 자기 가슴 속에 나라를 품고 저 잘난 맛에 살아간다." 존 칼빈

우리는 스스로 질문해 보아야 합니다. 하나님이 우리에게 다스리라고 주신 영역들을 잘 다스리고 있는지 말입니다. 저 잘난 맛에 살아가고 있는 것은 아닌지 질문해 보아야 합니다.
예수님이 이 땅에 오신 이유는 우리를 흑암의 권세에서 건져 내어 하나님의 아들의 나라로 옮기시기 위함입니다.

"그가 우리를 흑암의 권세에서 건져 내사 그의 사랑의 아들의 나라

로 옮기셨으니"골 1:13.

예수님이 이 땅에 오셨을 때, 하나님의 나라는 이미 존재하고 있었습니다. 그런데 사람들은 하나님의 통치를 받기를 거절했고, 그 결과 저주와 심판, 정죄와 수치심, 두려움이 찾아왔고, 마귀의 영향력 아래서 고통을 받게 되었습니다. 그러나 하나님의 아들이신 예수님이 이 땅에 오셨을 때, 천국의 실체가 드러나기 시작했습니다. 예수님이 가시는 곳마다 천국이 임했습니다. 예수님 자신이 바로 천국이셨습니다.

"예수의 복음은 하나님의 나라가 임했다는 것이요 예수 자신이 그 나라의 선포자요 해설자로 인간에게 오셨다는 것이다. 뿐만 아니라 아주 특별하고 신비로운 방식으로 그분 자신이 바로 그 나라였다." 맬컴 머거리지

요한계시록에 보면 천국의 모습이 나옵니다. 천국에는 고통이 없습니다. 아픈 것도, 죽음도, 차별도 없습니다.

"모든 눈물을 그 눈에서 닦아 주시니 다시는 사망이 없고 애통하는 것이나 곡하는 것이나 아픈 것이 다시 있지 아니하리니 처음 것들이 다 지나갔음이러라 보좌에 앉으신 이가 이르시되 보라 내가 만

물을 새롭게 하노라 하시고 또 이르시되 이 말은 신실하고 참되니 기록하라 하시고"계 21:4-5.

예수님께서 가시는 곳마다 바로 이런 천국이 임했습니다. 천국이 임할 때 핍절이 끊어지고 병이 치유되었습니다. 하나님의 위로가 임했습니다. 모든 것이 새롭게 되었습니다. 예수님을 만난 사람들은 누구나 예수님을 통해 하나님의 백성이 되었습니다. 마귀의 자녀가 아니라 하나님의 자녀가 되었습니다. 흑암의 권세에서 사랑의 아들의 나라로 들어가게 되었습니다. 즉, 더 이상 마귀의 통치가 아니라 예수님의 통치를 받게 되었습니다.

우리가 살고 있는 이 세상은 천국이 아닙니다. 죄가 있고 고통이 있습니다. 마귀의 유혹이 있고 귀신들린 사람들이 많이 있습니다. 하지만 예수님을 만나면 천국을 경험하게 됩니다. 하나님의 나라는 예수님을 모신 곳에 임하게 됩니다.

"바리새인들이 하나님의 나라가 어느 때에 임하나이까 묻거늘 예수께서 대답하여 이르시되 하나님의 나라는 볼 수 있게 임하는 것이 아니요 또 여기 있다 저기 있다고도 못하리니 하나님의 나라는 너희 안에 있느니라"눅 17:20-21.

하나님의 나라는 우리 가운데 있습니다. 또한 우리 마음에 있습니다. 이것이 하나님의 나라의 신비입니다. 하나님의 나라의 신비란, 우리가 이 땅을 떠날 때 들어갈 천국이 우리를 기다릴 뿐 아니라 우리가 이 땅에 사는 동안에도 하나님의 나라를 경험할 수 있다는 것입니다.

우리가 "나라가 임하시오며"라는 기도를 드리는 것은 바로 우리 스스로가 다스리는 나라에 예수님을 초청하는 것입니다. 예수님이 오셔서 친히 다스려 주시도록 부탁드리는 것입니다. 예수님은 우리와 함께 다스리시길 원하십니다. 예수님과 함께 다스릴 때, 우리의 뜻이 아니라 세상의 뜻이 아니라 마귀의 뜻이 아니라 오직 하나님의 뜻을 좇아 살 수 있게 됩니다.

그러면 우리가 "나라가 임하시오며"라고 기도하는 것은 무엇을 의미하는 것일까요? 우리가 스스로 다스려 보니 잘되지 않는다는 것을 인정하는 것입니다. 하나님의 나라가 마음에 임하기를 기도하십시오. 우리는 우리 마음 하나도 다스리지 못할 때가 많습니다. 마음의 분노와 억울함, 섭섭함과 상처를 잘 다스리지 못합니다. 미움과 복수심을 잘 다스리지 못합니다. 질투와 시기를 잘 다스리지 못합니다. 욕심과 음란한 생각을 잘 다스리지 못합니다. 그러기에 하나님의 나라가 임해야 합니다. 그때 우리 마음에 하나님의 의가 임하게 됩니다. 하늘의 평강과 하늘의 희락이 임하게 됩니다.

> "하나님 나라는 먹는 것과 마시는 것이 아니요 오직 성령 안에 있는 의와 평강과 희락이라" 롬 14:17.

하나님의 나라가 마음에만 임하도록 기도해서는 안 됩니다. 하나님의 나라는 우리 가정, 나라, 학교, 직장과 사업체에 임해야 합니다. 그러면 경쟁하고 죽이는 공동체가 아니라 서로를 긍휼히 여기고 사랑하는 공동체가 됩니다. 우리는 하나님의 나라가 각 나라에 임하도록 기도해야 합니다. 세상 나라에는 폭력과 살인, 음란, 갈등과 전쟁으로 가득 차 있습니다. 그러기에 우리가 살고 있는 이 세상에 하나님의 나라가 임해야 합니다.

3. 하나님의 나라는 이 땅을 떠날 때에 들어갈 나라입니다

하나님의 나라의 가장 중요한 개념은 통치입니다. 하나님의 다스림이 있는 곳이면 그곳이 바로 천국입니다. 그렇지만 하나님의 나라가 아직 완성된 것은 아닙니다. 하나님의 나라는 이미already와 아직not yet의 긴장 속에 있습니다.

우리는 예수님과 동행함으로써 이 땅에서 하나님의 나라를 경험할 수 있지만, 이 세상은 아직도 마귀의 권세가 활동하고 있습니다.

우리는 언젠가 육신의 옷을 벗고 이 세상을 떠나 천국으로 들어가게 될 것입니다. 성경은 우리가 이 세상에 살 동안 다 이해할 수 없는 다른 세계가 우리를 기다리고 있다고 합니다.

성경을 있는 그대로 읽어 보십시오. 구약에서 죽음을 보지 않고 승천한 사람들이 있습니다. 에녹과 엘리야가 바로 그런 사람이었습니다.

"믿음으로 에녹은 죽음을 보지 않고 옮겨졌으니 하나님이 그를 옮기심으로 다시 보이지 아니하였느니라 그는 옮겨지기 전에 하나님을 기쁘시게 하는 자라 하는 증거를 받았느니라"히 11:5.

"두 사람이 길을 가며 말하더니 불수레와 불말들이 두 사람을 갈라놓고 엘리야가 회오리 바람으로 하늘로 올라가더라"왕하 2:11.

죽음을 보지 않고 승천했던 엘리야와 느보산에서 죽었던 모세가 변화산상에 나타납니다.

"엿새 후에 예수께서 베드로와 야고보와 그 형제 요한을 데리시고 따로 높은 산에 올라가셨더니 그들 앞에서 변형되사 그 얼굴이 해 같이 빛나며 옷이 빛과 같이 희어졌더라 그때에 모세와 엘리야가 예수와 더불어 말하는 것이 보이거늘 베드로가 예수께 여쭈어 이르되 주여 우리가 여기 있는 것이 좋사오니 만일 주께서 원하시면 내가 여기서 초막 셋을 짓되 하나는 주님을 위하여, 하나는 모세를 위하여, 하나는 엘리야를 위하여 하리이다"마 17:1-4.

엘리야와 모세가 천국에 있다가 예수님을 잠시 만나러 온 것입니다. 이 세상을 떠나게 되면 천국에 들어가게 됩니다. 우리는 우리가 가게 될 영원한 본향이 있음을 알아야 합니다. 예수님은 십자가를 지시기 전에 제자들에게 이렇게 말씀하셨습니다.

"내 아버지 집에 거할 곳이 많도다 그렇지 않으면 너희에게 일렀으리라 내가 너희를 위하여 거처를 예비하러 가노니 가서 너희를 위하여 거처를 예비하면 내가 다시 와서 너희를 내게로 영접하여 나 있는 곳에 너희도 있게 하리라" 요 14:2-3.

예수님과 함께 못 박혔던 강도 중의 하나가 "당신의 나라에 임하실 때 나를 기억하소서"라고 부탁했습니다. 그때 주님께서는 "오늘 네가 나와 함께 낙원에 있으리라"고 말씀해 주셨습니다 눅 23:42-43.

사도 바울은 살아 있는 동안에 셋째 하늘에 다녀왔습니다. 바울은 그곳을 셋째 하늘, 낙원이라고 표현했습니다.

"무익하나마 내가 부득불 자랑하노니 주의 환상과 계시를 말하리라 내가 그리스도 안에 있는 한 사람을 아노니 그는 십사 년 전에 셋째 하늘에 이끌려 간 자라 (그가 몸 안에 있었는지 몸 밖에 있었는지 나는 모르거니와 하나님은 아시느니라)" 고후 12:1-2.
"그가 낙원으로 이끌려 가서 말로 표현할 수 없는 말을 들었으니 사람이 가히 이르지 못할 말이로다" 고후 12:4.

예수님은 부활하신 후에 제자들이 보는 앞에서 하늘로 올라가셨습니다. 예수님은 장차 하늘로부터 다시 오실 것입니다.

"이 말씀을 마치시고 그들이 보는데 올려져 가시니 구름이 그를 가리어 보이지 않게 하더라 올라가실 때에 제자들이 자세히 하늘을 쳐다보고 있는데 흰 옷 입은 두 사람이 그들 곁에 서서 이르되 갈릴리 사람들아 어찌하여 서서 하늘을 쳐다보느냐 너희 가운데서 하늘로 올려지신 이 예수는 하늘로 가심을 본 그대로 오시리라 하였느니라"행 1:9-11.

우리는 이 땅에 사는 동안에도 천국을 경험하고 있습니다. 하지만 이 땅을 떠날 때, 우리가 그토록 소망하는 영원한 천국으로 들어가게 될 것입니다.

"만일 땅에 있는 우리의 장막 집이 무너지면 하나님께서 지으신 집 곧 손으로 지은 것이 아니요 하늘에 있는 영원한 집이 우리에게 있는 줄 아느니라 참으로 우리가 여기 있어 탄식하며 하늘로부터 오는 우리 처소로 덧입기를 간절히 사모하노라"고후 5:1-2.

맥스 루케이도가 쓴 「천국에서의 갈채」라는 책에 D.L.무디 목사의 임종에 관한 이야기가 기록되어 있습니다.

1899년 12월 22일, 무디는 그의 마지막 겨울의 새벽에 잠을 깼다. 밤사이에 더욱 쇠약해진 그는 천천히 또박또박 말을 하기 시작했다.

"땅이 물러나고 하늘이 내 앞에서 열리는구나!" 가까이에 있던 아들 윌이 급히 아버지 곁으로 달려갔다.

"아버지, 꿈을 꾸시는군요." 그가 말했다.

"아니다. 이것은 꿈이 아니야, 윌." 무디가 말했다.

"정말 아름다운 광경이다. 뭐라고 말할 수 없을 만큼 좋구나. 이것이 죽음이라면, 그것은 정말 달콤한 것이구나. 하나님이 나를 부르신다. 나는 가야 해, 나를 붙잡지 마라."

즉시 가족들이 그 둘레에 모였고, 잠시 후에 그 위대한 전도자는 죽었다. 그날은 그가 면류관을 쓴 날이었으며, 그가 오랫동안 바라던 날이었다. 그는 그의 주님과 함께 있게 된 것이다.

많은 사람들은 그해 초 뉴욕에서 했던 그의 말을 기억하고 있었다. "언젠가 여러분은 무디가 죽었다는 신문 기사를 읽을 것입니다. 그러나 그 말을 믿지 마십시오. 그 순간에 나는 지금 이렇게 살아 있는 것보다 더 생생하게 살아 있을 것입니다 … 나는 1837년에 육신으로 태어났고, 1855년에 영으로 태어났습니다. 그 죽음은 육신으로 태어난 나의 죽음일 것입니다. 영으로 태어난 나는 영원히 살 것입니다." 맥스 루케이도, 「천국에서의 갈채」, 소망사, 221-222쪽

우리가 예수님을 믿는 이유는 천국 백성이 되기 위해서입니다. 예수님을 믿고 예수님을 영접할 때, 우리는 천국 시민권자가 됩니다.

"그러나 우리의 시민권은 하늘에 있는지라 거기로부터 구원하는 자 곧 주 예수 그리스도를 기다리노니"빌 3:20.

우리는 하나님의 나라의 상속자가 됩니다. 히브리서는 우리가 장차 들어갈 나라에 대해 다음과 같이 말해 줍니다.

"그러나 너희가 이른 곳은 시온 산과 살아 계신 하나님의 도성인 하늘의 예루살렘과 천만 천사와 하늘에 기록된 장자들의 모임과 교회와 만민의 심판자이신 하나님과 및 온전하게 된 의인의 영들과 새 언약의 중보자이신 예수와 및 아벨의 피보다 더 나은 것을 말하는 뿌린 피니라"히 12:22-24.

우리가 들어갈 곳은 하나님의 도성입니다. 그곳에 가면 하늘에 기록된 장자들의 모임이 있다고 말합니다. 그런데 왜 장자들의 모임이라고 이야기할까요? 마틴 로이드 존스는 이 말씀의 내용을 다음과 같이 설명하고 있습니다.

이것은 축복입니다! 모든 참된 그리스도인과 교회의 참된 구성원은 하나님의 '장자'입니다. 이것은 두 가지를 의미합니다. 이것은 여러분이 거듭났으며 하나님의 자녀가 되었다는 뜻입니다. 그렇습니다. 또한 교회 안에 있는 모든 사람이 장자이기도 하다는 것입니다. 이것은 여러분이 상속자라는 뜻입니다. 장자는 상속자이며 그에게는 장자의 특권이 있습니다. 하나님은 구약성경에서 "이스라엘은 내 아들 내 장자라"고 말씀하십니다. 모든 그리스도인은 하나님의 장자입니다. 우리는 그저 또 한 사람이 아니라 그리스도와 함께하는 공동 상속자이며 하나님이 우리를 위해 준비하신 모든 것의 상속자가 됩니다. 우리는 이 세상에 있을 동안에도 우리 아버지의 특별한 사랑을 누리며 날마다 그분의 복을 받습니다. 마틴 로이드 존스, 「하나님의 나라」, 복있는 사람, 355쪽

하나님이 우리를 위해 예비해 두신 나라는 흔들리지 않는 나라입니다. 세상의 나라는 결국 다 무너집니다. 다 썩고 더러워집니다. 흔들립니다. 하지만 하나님의 나라는 결코 흔들리지 않습니다.

"그러므로 우리가 흔들리지 않는 나라를 받았은즉 은혜를 받자 이로 말미암아 경건함과 두려움으로 하나님을 기쁘시게 섬길지니 우리 하나님은 소멸하는 불이심이라"히 12:28-29.

우리는 천국을 경험한 사람들입니다. 천국을 소망하며 사는 사람들입니다. 천국을 경험하면 두려움이 없습니다. 왜냐하면 영생을 얻어 영원히 살기 때문입니다. 이 땅을 떠나는 것이 새로운 시작이기 때문입니다. 사도 바울이 옥중에서 디모데에게 보냈던 편지에서 그는 천국

에 들어가는 것에 대해 언급합니다.

> "주께서 나를 모든 악한 일에서 건져 내시고 또 그의 천국에 들어가도록 구원하시리니 그에게 영광이 세세무궁토록 있을지어다 아멘"
> 딤후 4:18.

예수님은 우리에게 천국 열쇠를 주셨습니다. 우리는 천국을 소유한 사람들입니다. 가장 부요하고 가장 영광스런 천국 시민권을 소유한 사람들입니다. 또한 사도 바울이 그의 천국his heavenly kingdom에 들어갔던 것처럼 우리도 그의 천국his heavenly kingdom에 들어가게 됩니다. 그러므로 기뻐하십시오. 감사하십시오.

◇◇◇◇◇
천국이 날마다 우리 삶 속에 임하도록
기도하십시오
◇◇◇◇◇

예수님이 오셨을 때, 그분을 환영하고 그분이 선포하신 천국을 환영한 사람들이 있었습니다. 그렇게 함으로써 천국을 경험한 사람들이 있었습니다. 하지만 어떤 사람들은 예수님을 배척하고 천국을 거절했습니다. 그들은 천국을 싫어했고 그들의 나라를 고집했습니다. 천국이 주는 변화를 싫어했습니다. 달라스 윌라드 교수는 천국이 가까이 왔지만 그것을 거부하는 사람들에 대해 자신의 경험을 들어 다음과 같이 설명합니다.

> 어려서 나는 미조리 주 남쪽 지방에 살았다. 전기라고는 번갯불밖에 없었는데 쓸데없이 무척 잦았다. 그러다 고등학교 3학년 때 우리 마을에도 전기선이 들어와 비로소 가정과 농장에서 전력을 사용할 수 있게 됐다.
>
> 농장에 전기선이 들어오자 전혀 다른 생활 방식이 모습을 드러냈다. 삶의 기본적인 부분-낮과 밤, 더위와 추위, 청결과 불결, 일과 여가, 음식 준비와 보관-과의 관계를 획기적으로 향상시킬 수 있게 된 것이다. 그러나 그전에 우리는 전기와 그 설비를 믿고 이해해야 했으며 그것을 의지하는 실제적 단계를 취해야 했다. 달라스 윌라드, 같은 책, 64쪽

예수님께서 "회개하라 천국이 가까이 왔느니라"고 선포하셨을 때에 그 회개는 바로 전기선이 들어올 수 있도록 준비하는 것과 같습니다. 회개는 하나님을 향한 생각, 하나님의 나라를 향한 생각을 바꾸는 것입니다. 죄를 회개함으로써 새로운 세계를 환영하는 것입니다.

삶을 훨씬 편리하게 해 줄 전력이 거기 그들 곁에 와 있었다. 조금만 적응하면 그대로 활용할 수 있었다. 그러나 이상하게도 전력을 받아들이지 않는 이들이 더러 있었다. 그들은 '전기의 나라'에 들어가지 않았다. 어떤 이들은 그저 변화가 싫었다. 달라스 윌라드, 같은 책, 65쪽

여기에 이어서 달라스 윌라드 교수는 전기의 나라와 하나님의 나라를 다음과 같이 연결시켜 설명해 줍니다.

마찬가지로 하나님 나라도 바로 우리 곁에 있다. 그것은 정말로 '우리 가운데 있는 나라'이다. 비록 흔들리는 믿음, 더듬거리는 고백일지라도 예수가 죽음을 이기신 만유의 주 되심을 마음으로 믿고 입으로 시인하여 들어갈 수 있다(롬 10:9). 달라스 윌라드, 65쪽

하나님의 나라를 환영하십시오. 하나님의 나라의 가르침을 환영하십시오. 우리는 세상 나라의 기준을 따라 살면 불행해집니다. 예수님을 당신 마음의 왕좌에 초청하십시오. 가정과 학업, 직장과 사업체에 초청하십시오. 교회의 주인은 예수님이시기에 예수님이 교회를 통치하시도록 기회를 드리십시오. 사람이 스스로 다스리는 나라는 결코 행복할 수 없습니다. 인간은 죄인이며 죄를 따라 마귀가 역사합니다. 죄와 마귀가 역사하는 나라는 결코 행복할 수 없습니다. 반면에 하나님

이 역사하시고 하나님의 의를 따라 통치되는 나라는 행복합니다. 하나님의 나라는 사랑의 나라입니다. 용서의 나라입니다. 따라서 하나님의 나라가 임할 때, 놀라운 행복이 임하게 됩니다.

하나님의 나라가 우리 안에 임하면 원수도 축복하게 됩니다. 미움이 사라지고 사랑으로 충만하게 됩니다. 비판이 사라지고 이해심으로 충만하게 됩니다. 하나님의 나라가 임하면 우리 마음에 의와 평강과 희락이 충만하게 됩니다. 환경을 초월해서 천국을 경험하게 됩니다.

하나님의 나라가 임하도록 기도할 때, 우리는 하늘로부터 임하는 능력을 받게 됩니다. 그 능력은 거룩하고 신비로운 능력입니다. 바울은 하나님의 나라는 말에 있는 것이 아니라 능력에 있다고 말했습니다.

"하나님의 나라는 말에 있지 아니하고 오직 능력에 있음이라"고전 4:20.

하나님의 나라의 능력은 약할 때 오히려 강해지는 능력입니다. 고통을 이길 수 있는 능력입니다. 미움 대신에 사랑할 수 있는 능력입니다. 복수심 대신에 용서할 수 있는 능력입니다. 저주 대신에 축복하는 능력입니다. 하나님의 능력이 임하면 귀신이 떠나가고 정신이 온전해집니다. 하나님의 나라를 소망하게 됩니다.

우리가 하나님의 나라가 임하기를 기도해야 하는 이유는, 하나님이 우리를 통치자로 부르셨기 때문입니다. 우리가 인정하든 인정하지 않든 우리는 지금 통치자로 살고 있습니다. '통치'라는 단어가 거창하다면 '다스린다'는 말로 바꾸어 보십시오. 우리는 마음을 다스려야 합니다. 분노와 나쁜 충동을 다스려야 합니다. 하나님의 말씀에 불순종하려는 마음을 다스려야 합니다. 그때 순종할 수 있습니다.

우리는 가정을 잘 다스리도록 부름 받았습니다. 그런데 문제는 잘 다스려지지 않는다는 것입니다. 그래서 기도가 필요합니다. 기도할 때에 우리는 하나님의 능력으로 그분과 연합하여 다스릴 수 있습니다.

> 기도의 삶의 훈련을 통해 우리는 하나님의 무한한 능력과의 조화로운 연합 속에서 통치하게 된다. 이 훈련의 한 가지 중요한 요소는 하나님을 앞질러 문제를 내 손으로 거머쥐는 것이 아니라 하나님이 움직이실 때를 잠잠히 기다리는 것이다. 바로 이런 기다림의 체험 속에서 하나님 앞에 더없이 값진 성품, 즉 그분의 능력을 받아 자신이 택한 일을 능히 해낼 수 있는 성품이 빚어지는 것이다.
>
> 달라스 윌라드, 같은 책, 339쪽

우리는 자녀들을 위해 기도해야 합니다. 자녀들의 삶 속에 하나님의 나라가 임하도록 기도해야 합니다. 특히 아주 힘든 과정을 통과하는 청소년기의 자녀들에게 하나님의 나라가 임하면, 온유하고 겸손한 마음으로 그 시기를 잘 통과할 수 있게 됩니다.

또한 우리는 이웃에게 하나님의 나라가 임하도록 기도해야 합니다. 흑암의 권세 아래 사는 이들은 스스로의 힘으로 자신의 왕국을 다스려야 합니다. 그것은 어려운 일입니다. 그러나 그들에게 하나님의 나라가 임하면 새로운 삶이 전개될 것입니다.

우리는 우리 마음의 왕좌에 예수님을 날마다 모셔야 합니다. 우리 삶을 예수님이 다스려 주시도록 기도해야 합니다. 그때 예수님은 천국의 능력으로 상처를 진주로 만들어 주실 것입니다. 절망을 희망으로 만들어 주실 것입니다.

예수님을 통해 천국이 임하면 병이 치유됩니다. 고난이 축복이 되고 문제는 기적으로 바뀝니다. 위기는 기회가 됩니다. 연약함이 오히려 사랑받는 조건이 됩니다. 갈등 때문에 더욱 관계가 깊어지게 됩니다.

가정과 교회를 소중히 여기십시오. 왜냐하면 그곳은 우리가 이 땅에 사는 동안에 천국을 경험할 수 있는 곳이기 때문입니다. 또한 천국 생활을 미리 실천할 수 있는 곳이기 때문입니다. 천국 문화를 미리 볼 수 있는 곳이기 때문입니다. 천국의 문화는 사랑입니다. 만약 사랑이라는 문화에 익숙하지 않은 사람이 천국에 들어가게 된다면 문화충격을 받게 될 것입니다.

초대교회는 천국의 삶을 실천했습니다. 우리는 가정과 교회에 하나님의 나라가 임하기를 위해 계속해서 기도해야 합니다. 우리의 이웃들이 우리의 가정과 교회를 보고 천국을 사모하도록 만들어야 합니다. 천국에 소망을 두고 사는 우리의 삶을 보고 특별한 점을 발견하게 만들어야 합니다. 그때 하나님의 나라는 우리 가정과 교회에서 이웃에게로 확장될 것입니다. 또한 열방을 향해 뻗어나가게 될 것입니다.

우리가 하나님의 나라가 임하길 진심으로 기도하는 순간, 주님의 통치가 시작될 것입니다. 그때 우리 안에 평화가 임하게 될 것입니다. 바로 그때 이 땅에서 천국을 경험하게 될 것입니다. 그리고 그 천국에 대한 경험 때문에 이 땅을 떠날 때에도 담대히 주님이 예비하신 천국을 향해 떠나게 될 것입니다.

주여, 하나님의 나라가 임하게 하옵소서!

| 하나님의 뜻이 이루어지길 위해 드리는 기도 |

Chapter 5

주기도문은 내 뜻을 내려놓는 기도입니다

마 6:10
나라가 임하시오며 뜻이 하늘에서 이루어진 것 같이 땅에서도 이루어지이다

주기도문은
하나님의
마음입니다

◇◇◇◇◇
하나님의 나라는
하나님의 뜻이 이루어지는 나라입니다
◇◇◇◇◇

주기도문의 첫 번째 청원은 아버지의 이름이 거룩히 여김을 받으시도록 드리는 기도입니다. 두 번째 청원은 하나님의 나라가 우리 가운데, 이 땅 가운데 임하도록 드리는 기도입니다. 그리고 세 번째 청원은 하나님 아버지의 뜻이 이 땅에 이루어지도록 드리는 기도입니다. 하늘에서 하나님의 뜻이 이루진 것처럼 땅에서 이루어지도록 간구하는 기도입니다.

"나라가 임하시오며 뜻이 하늘에서 이루어진 것 같이 땅에서도 이루어지이다"마 6:10.

하나님의 나라는 하나님의 뜻이 이루어지는 나라입니다. 하나님의 뜻이 이루어질 때 하나님의 백성들은 풍성한 삶을 누리게 됩니다. 의와 평강과 희락으로 충만한 삶을 살게 됩니다. 예수님은 하늘과 땅에 대해 자주 언급하셨습니다. 예수님이 말씀하신 하늘의 영역은 하나님이 다스리시는 영역을 말합니다. 하나님의 뜻이 이루어지고 하나님의 뜻이 전달되는 영역을 말합니다. 반면에 이 땅은 아직도 사람들의 죄악과 탐욕과 이기심으로 가득 차 있습니다. 폭력과 살인과 어두움으로 가득 차 있습니다. 아직도 더럽고 사악한 마귀가 역사하고 있습니다.

예수님은 하늘에서 이루어지고 있는 하나님의 뜻이 이 땅에서도 이루어지기를 위해 기도하라고 말씀하셨습니다. 기도를 통해 하늘과 땅이 만나게 됩니다. 또한 땅과 하늘이 함께 만나게 됩니다.

"내가 천국 열쇠를 네게 주리니 네가 땅에서 무엇이든지 매면 하늘에서도 매일 것이요 네가 땅에서 무엇이든지 풀면 하늘에서도 풀리리라 하시고"마 16:19.

"진실로 너희에게 이르노니 무엇이든지 너희가 땅에서 매면 하늘에서도 매일 것이요 무엇이든지 땅에서 풀면 하늘에서도 풀리리라 진실로 다시 너희에게 이르노니 너희 중의 두 사람이 땅에서 합심하여 무엇이든지 구하면 하늘에 계신 내 아버지께서 그들을 위하여 이루게 하시리라"마 18:18-19.

하나님께서 우리에게 주신 기도의 열쇠, 기도의 권세는 정말 놀라운 것입니다. 우리가 기도할 때에 땅과 하늘, 하늘과 땅이 함께 움직입니다. 우리가 하나님께 올려 드리는 기도의 장소는 땅입니다. 땅에서 드리는 기도가 하늘에 상달됩니다. 기도를 통해 무엇이든지 땅에서 매면 하늘에서도 매이고, 땅에서 풀면 하늘에서도 풀리게 됩니다. 예수님께서 제자들에게 보여 주신 환상은 천사들이 인자 되신 예수님 위를 오르락 내리락 하는 것이었습니다.

"또 이르시되 진실로 진실로 너희에게 이르노니 하늘이 열리고 하나님의 사자들이 인자 위에 오르락 내리락 하는 것을 보리라 하시니라" 요 1:51.

말씀을 보면 하나님의 사자들, 즉 천사들이 인자 위를 오르락 내리락 하고 있습니다. 내리락 오르락이 아니라 오르락 내리락 하고 있습니다. 우리가 예수님의 이름으로 이 땅에서 기도할 때, 하나님의 천사가 우리의 기도를 가지고 하늘로 올라갑니다. 그리고 하나님의 응답을 받아 땅으로 내려옵니다. 우리가 기도할 때, 하나님의 천사들이 하늘과 땅을 오르락 내리락 하는 것이 기도의 역사입니다.

예수님은 우리 기도가 하늘과 땅의 모든 영역에 영향을 미치고 있다고 말씀하십니다. 특별히 주기도문에서 하나님 아버지의 뜻이 하늘에서 이루어진 것 같이 땅에서 이루어지길 간구하라고 가르치고 계십니다. 우리는 이 땅에서 하나님의 통치가 이루어지는 것을 볼 때에 아주 행복합니다. 하지만 안타깝게도 하나님의 통치가 아닌 마귀가 역사하는 것을 보게 됩니다. 불의한 자들의 통치를 보게 됩니다. 하나님의 뜻이 아니라 마귀의 뜻이, 하나님의 자녀들의 뜻이 아니라 불의한 자들의 뜻이 이루어지는 것을 보게 됩니다. 그 결과는 원통함과 억울함입니다. 그런 까닭에 우리는 하나님의 나라, 즉 하나님의 통치가 이 땅에서 이루어지도록 기도해야 합니다. 또한 하나님의 뜻이 하늘에서 이루어진 것처럼 이 땅에 이루어지도록 기도해야 합니다.

하나님의 뜻을 분별하는 것은 결코 쉬운 일이 아닙니다. 어떠한 하나님의 뜻은 아주 분명합니다. 누구를 미워해서 그 사람을 죽이고 싶다면 그것은 결코 하나님의 뜻이 아닙니다. 그것은 숙고할 문제가 아니라 순종해야 할 문제입니다. 하나님의 뜻은 사랑이요 용서입니다. 반면에 어떠한 하나님의 뜻은 아주 애매합니다. 분별하기가 어렵습니다. 누구와 결혼해야 하는지, 어떤 사업을 해야 하는지, 어떤 대학에 들어가야 하는지, 이민을 가야 하는지, 어느 교회를 선택해야 하는지 등 아주 애매한 것들이 있습니다. 여기에서 우리는 하나님의 뜻이라는 광대하고 영원한 주제를 모두 다룰 수는 없습니다. 그런 까닭에 예수님의 생애를 통해 하나님의 뜻이 어떻게 이루어지는가에 초점을 맞추어 접근하면 좋겠습니다.

예수님은 주기도문을 통해 하나님 아버지의 뜻이 하늘에서 이루어진 것처럼 땅에서 이루어지도록 기도하라고 말씀하셨습니다. 또한 예수님은 주기도문에서 가르쳐 주신 대로 기도하셨고 그렇게 사셨습니다.

1. 예수님은 하나님 아버지의 뜻을 이루기 위해 오셨습니다

예수님의 관심은 하나님의 나라와 그분의 뜻을 이루는 것에 있으셨습니다. 예수님은 이 땅의 모든 문제를 다 해결하려 하지 않으셨습니다. 다만 하나님 아버지께서 예수님을 통해 이루기 원하시는 뜻을 이루는 일에 초점을 맞추셨습니다. 예수님은 어떠한 일도 스스로 행하지 않으셨고, 오직 자신을 이 땅에 보내신 아버지의 뜻을 행하는 것에만 초점을 맞추셨습니다.

> "내가 아무것도 스스로 할 수 없노라 듣는 대로 심판하노니 나는 나의 뜻대로 하려 하지 않고 나를 보내신 이의 뜻대로 하려 하므로 내 심판은 의로우니라" 요 5:30.

하나님은 예수님을 이 땅에 보내셔서 그분의 뜻을 이루신 것처럼 우리 각 사람을 통해 그분의 뜻을 이루길 원하십니다. 다윗 역시 그러했습니다.

> "폐하시고 다윗을 왕으로 세우시고 증언하여 이르시되 내가 이새의 아들 다윗을 만나니 내 마음에 맞는 사람이라 내 뜻을 다 이루리라

하시더니"행 13:22.

다윗은 당대에 그를 향하신 하나님의 뜻을 이루었습니다. 백성을 사랑하는 성군이 되었습니다. 다윗의 장막을 통해 하나님을 기쁘시게 하는 예배를 드렸습니다. 성전 건축을 위한 준비도 아주 잘했습니다. 그러나 하나님께서 다윗을 통해 이루신 가장 중요한 것은 다윗의 후손으로 예수님을 이 땅에 보내신 것입니다.

"하나님이 약속하신 대로 이 사람의 후손에서 이스라엘을 위하여 구주를 세우셨으니 곧 예수라"행 13:23.

다윗을 통해 이루기 원하셨던 하나님의 뜻은 궁극적으로 예수님과 연결되어 있습니다. 예수님을 통해 이루실 하나님의 뜻과 연결되어 있습니다. 우리도 마찬가지입니다. 하나님은 우리 각 사람을 이 땅에 보내셔서 이 시대에 하나님의 뜻을 이루시길 원합니다. 하나님은 우리를 부르셨고 또한 우리를 보내셨습니다. 우리는 소명을 받은 자요 또한 사명을 받은 자입니다. 소명이란, 부름을 받은 것이요 사명이란, 보냄을 받은 것입니다. 하나님은 우리를 통해 예수님 안에서 그분의 소중한 뜻을 이루길 원하십니다.

2. 예수님은 아버지의 뜻이 잃어버린 영혼을 구원하는 것임을 아셨습니다

예수님의 관심은 하나님 아버지의 뜻을 이루는 데 있었습니다. 그렇다면 하나님 아버지께서 예수님을 통해 이루기 원하셨던 뜻은 무엇이었을까요? 그것은 바로 영혼을 구원하는 일이었습니다.

> "나를 보내신 이의 뜻은 내게 주신 자 중에 내가 하나도 잃어버리지 아니하고 마지막 날에 다시 살리는 이것이니라" 요 6:39.
> "내 아버지의 뜻은 아들을 보고 믿는 자마다 영생을 얻는 이것이니 마지막 날에 내가 이를 다시 살리리라 하시니라" 요 6:40.

우리가 알 수 있는 분명하고 영원불변한 하나님의 뜻이 있다면 그것은 잃어버린 영혼을 구원하는 것입니다. 우리의 삶이 영혼 구원에 초점을 맞춘다면 우리는 가장 충만한 삶을 살 수 있을 것입니다.

예수님은 사마리아 여인과 만나 대화하시던 중에 그녀를 구원하셨습니다. 그녀는 남편이 다섯이나 있었던 잃어버린 영혼이었습니다. 예수님이 그녀를 구원하셨던 바로 그때, 제자들은 예수님께 음식을 청했고, 예수님은 그들에게 놀라운 말씀으로 대답하셨습니다.

> "예수께서 이르시되 나의 양식은 나를 보내신 이의 뜻을 행하며 그의 일을 온전히 이루는 이것이니라" 요 4:34.

예수님에게는 육의 양식과 다른 양식이 있으셨습니다. 그것은 예수님을 보내신 아버지의 뜻을 행하는 것이었습니다. 아버지의 뜻은 잃어버린 영혼을 찾아 구원하는 것이었습니다. 예수님은 아버지의 뜻을 따라 잃어버린 영혼이었던 사마리아 여인을 구원하셨고, 또한 사마리아 동네에 가서 그곳 사람들을 구원하셨습니다.

하나님은 우리의 관심도 예수님처럼 잃어버린 영혼을 구원하는 데 있기를 원하십니다. 우리가 잃어버린 영혼을 구원하는 일을 할 때, 하나님은 기뻐하십니다. 또한 우리가 영혼 구원을 위해 기도할 때 기뻐하십니다.

하나님의 뜻이 하늘에서 이루어진 것처럼 땅에서도 이루어지도록 기도할 때, 우리의 기도의 초점은 영혼 구원에 있어야 합니다. 예수님은 죄인 한 사람이 회개하면 하늘에 큰 기쁨이 있다고 말씀하십니다.

"내가 너희에게 이르노니 이와 같이 죄인 한 사람이 회개하면 하늘에서는 회개할 것 없는 의인 아흔아홉으로 말미암아 기뻐하는 것보다 더하리라" 눅 15:7.

헨리 블랙가비와 클로드 킹이 공저한 「하나님을 경험하는 삶」이라는 책에 이바 베이츠라는 한 과부의 이야기가 나옵니다.

이바 베이츠는 농장에서 살다가 은퇴한 과부였습니다. 그녀는 제가 알고 있는 가장 위대한 기도의 용사 중 하나였습니다. 우리 교회는 예수님의 몸이었고, 그녀는 '무릎'이라고 불렸습니다. 하나님은 그녀를 강력한 기도의 용사로 몸 안에 두셨습니다.

우리에게 새신자들이 생기면, 저는 그들을 이바에게 보내서 그녀로 하여금 기도는 어떻게 하는 것인가에 대해서 이야기해 주도록 했습니다. 그녀는 많은 기도의 용사들을 무장시켰습니다. 우리가 대학 캠퍼스에서 사역을 시작했을 때 … 학생들에게 이런 지시가 내려졌습니다. "어떤 사람에게 복음을 증거하려고 할 때나 우리의 사역에 있어서 특별한 사명을 갖고 있을 때는 언제든지 이바에게 가서 그것에 대해 이야기하십시오. 그녀가 기도해 줄 것입니다."

그래서 웨인이라는 학생이 이바에게 부탁했습니다. "다음 화요일에 더그에게 복음을 증거하려고 하는데 저를 위해서 기도해 주시겠어요?" 이바는 동의했습니다. 웨인이 점심시간에 복음을 전하는 동안 이바는 그녀가 하던 일을 모두 중단하고 기도를 시작했습니다. 그녀는 학생들이 그녀에게 무엇을 하고 있다고 말해 주는 족족 그렇게 기도를 했습니다 … 약 3개월이 지난 후에, 어떤 청년이 초청의 시간에 앞으로 걸어 나왔습니다. 그는 주님을 의지하고 있었습니다. 저는 교인들에게 말했습니다. "이 청년은 더그입니다. 그는 지금 방금 그리스도인이 되었습니다." 저는 이바를 바라보았고, 그녀는 깊은 감동을 받아 울고 있었습니다. 그녀는 더그를 한 번도 만나본 적이 없지만, 그를 위해서 3개월 동안 기도하고 있었습니다. 헨리 블랙가비·클로드 킹 공저, 「하나님을 경험하는 삶」, 요단출판사, 276쪽

이바 베이츠는 은퇴한 과부였습니다. 하지만 그녀는 중보기도의 용사로서 무엇보다 영혼 구원을 위해 기도를 드렸습니다. 그것은 그녀를 향한 하나님의 뜻이었고, 하나님은 그 뜻을 그녀의 중보기도를 통해 이루셨습니다.

3. 예수님은 하나님의 때에 하나님의 뜻을 이루셨습니다

우리는 하나님의 뜻이 하나님의 때에 이루어진다는 사실을 자주 망각합니다. 하나님의 뜻은 하나님의 때에 이루어집니다. 그런데 만약 우리가 하나님의 때를 분별하지 못하고 조급하게 행동하면 좋지 않은 결과를 가져오게 됩니다.

하나님은 아브라함의 그 아들을 통해 놀라운 구원의 일을 이루시고자 하는 뜻을 가지고 계셨습니다. 또한 그 뜻을 아브라함에게도 알려 주셨습니다. 그런데 아브라함은 하나님의 뜻을 너무 속히 이루려고 했습니다. 자신의 힘으로 그 뜻을 이루려고 했습니다. 그래서 하갈을 통해 이스마엘을 낳았습니다. 그러나 하나님의 뜻은 그가 100세가 되었을 때 이삭을 통해 이루어졌습니다.

예수님은 하나님의 뜻을 아셨습니다. 그 뜻은 십자가에서 인류의 죄짐을 담당하시는 것이었습니다. 십자가에서 죽으시고 부활하심으로

잃어버린 영혼을 구원하는 것이었습니다. 예수님은 하나님의 뜻을 아셨고, 하나님의 때를 따라 그 뜻을 이루셨습니다. 우리는 하나님의 때와 뜻이 만날 때 풍성한 열매를 맺는다는 사실을 잊어서는 안 됩니다. 예수님은 항상 때에 대해 말씀하셨습니다. 자주 "내 때가 아직 이르지 않았다"고 말씀하셨습니다.

"예수께서 이르시되 내 때는 아직 이르지 아니하였거니와 너희 때는 늘 준비되어 있느니라"요 7:6.
"너희는 명절에 올라가라 내 때가 아직 차지 못하였으니 나는 이 명절에 아직 올라가지 아니하노라"요 7:8.

예수님은 하나님의 뜻을 따라 행하셨고, 하나님의 때를 따라 움직이셨습니다. 예수님은 때가 찼을 때, 제자들에게 특별한 사랑을 베풀어 주셨습니다.

"유월절 전에 예수께서 자기가 세상을 떠나 아버지께로 돌아가실 때가 이른 줄 아시고 세상에 있는 자기 사람들을 사랑하시되 끝까지 사랑하시니라"요 13:1.

예수님은 유월절에 십자가에서 죽임을 당하셨습니다. 바로 그 유월절 전에 예수님은 제자들의 발을 씻겨 주셨습니다. 예수님의 몸과 피를 기념하는 성찬을 행하심으로 그들에게 가장 소중한 사랑을 베풀어 주셨습니다. 하나님의 뜻을 아는 것만으로는 안 됩니다. 하나님의 때를 알고, 그 때가 차기까지 기다리는 것은 하나님의 뜻을 이루는 데 아주 중요합니다. 그리고 그 때를 분별하기 위해 기도하는 것 역시 중요합니다.

4. 예수님은 말씀을 따라 하나님의 뜻을 이루셨습니다

하나님의 뜻은 말씀에 기록되어 있습니다. 우리가 하나님의 말씀을 잘 읽고 묵상하면 하나님의 뜻을 잘 분별할 수 있습니다. 예수님은 아버지의 뜻을 이루실 때, 말씀을 따라 이루셨습니다. 기록된 말씀 속에서 하나님의 뜻을 발견하셨고, 그 뜻이 온전히 이루어지길 원하셨습니다. 겟세마네 동산에서 예수님을 잡으러 파송된 무리가 찾아왔을 때, 베드로가 칼로 대제사장의 종을 쳐 그 귀를 떨어뜨렸습니다. 그때 예수님은 베드로를 책망하시면서 다음과 같이 말씀하셨는데, 우리는 이 말씀을 통해 예수님이 얼마나 하나님의 말씀을 소중히 여기시는지를 알 수 있습니다.

> "이에 예수께서 이르시되 네 칼을 도로 칼집에 꽂으라 칼을 가지는 자는 다 칼로 망하느니라 너는 내가 내 아버지께 구하여 지금 열두 군단 더 되는 천사를 보내시게 할 수 없는 줄로 아느냐 내가 만일 그렇게 하면 이런 일이 있으리라 한 성경이 어떻게 이루어지겠느냐 하시더라"마 26:52-54.

예수님께서 이 땅에 오셔서 이루신 하나님의 뜻은 모두 성경에 기록된 것입니다. 하나님의 말씀을 따라 하나님의 뜻을 이루신 것입니다. 사도 바울은 이 사실을 고린도교회 성도들에게 다음과 같이 기록했습니다.

"내가 받은 것을 먼저 너희에게 전하였노니 이는 성경대로 그리스도께서 우리 죄를 위하여 죽으시고 장사 지낸 바 되셨다가 성경대로 사흘 만에 다시 살아나사"고전 15:3-4.

하나님의 뜻을 분별하는 길은 말씀을 읽는 것입니다. 말씀을 떠나 하나님의 뜻을 분별할 수는 없습니다. 하나님의 말씀에는 아주 분명한 하나님의 뜻이 기록되어 있습니다. 또한 우리 각자의 삶 속에서 선택하고 결정할 때에 필요한 하나님의 뜻도 성경에 기록되어 있습니다.

5. 예수님은 자원해서 하나님의 뜻을 이루셨습니다

하나님은 우리가 자원함으로 하나님의 뜻을 이루는 것을 기뻐하십니다. 예수님은 하나님의 뜻을 이루는 것을 큰 즐거움으로 아셨습니다. 물론 십자가를 지는 것은 고통이셨습니다. 하지만 십자가를 지실 때도 억지로 하지 않으셨습니다. 아버지를 기쁘시게 하기 위해 십자가를 지셨고, 하나님이 예비하신 풍성한 열매를 보시면서 즐거움으로 십자가를 감당하셨습니다. 힘든 십자가의 길을 영광으로 아셨습니다. 예수님이 십자가를 지시기 전에 그분을 찾아온 헬라인들에게 하신 말씀을 기억하십시오.

> "예수께서 대답하여 이르시되 인자가 영광을 얻을 때가 왔도다 내가 진실로 진실로 너희에게 이르노니 한 알의 밀이 땅에 떨어져 죽지 아니하면 한 알 그대로 있고 죽으면 많은 열매를 맺느니라"요 12:23-24.

하나님의 선택을 받아 하나님의 뜻을 이루는 것은 희생이라기보다는 영광입니다. 우리를 부르신 분이 누구신가를 안다면 우리를 부르시고 이 땅에 보내신 분의 뜻을 이루는 것은 최상의 영광입니다. 또한 우리를 위해 희생하신 예수님의 사랑을 마음에 품는다면 우리가 하나님의 뜻을 이루기 위해 지불하는 희생은 영광입니다. 조지 트루엣의 말을 평생 가슴에 새기십시오.

> "인간이 가질 수 있는 가장 위대한 지식은 하나님의 뜻을 아는 것이며 인간이 행할 수 있는 가장 위대한 업적은 하나님의 뜻을 행하는 것이다." 조지 트루엣

예수님은 자원해서 하나님의 뜻을 좇으셨을 뿐만 아니라 열정을 가지고 하나님의 뜻을 성취하셨습니다. 복음서를 읽어 보십시오. 예수

님은 정말 열정적으로 사셨습니다. 성전을 청결케 하실 때에는 거룩한 분노와 거룩한 열정으로 행하셨습니다. 그때 예수님의 모습을 지켜 보던 제자들이 구약에 기록된 말씀을 기억했습니다.

"제자들이 성경 말씀에 주의 전을 사모하는 열심이 나를 삼키리라 한 것을 기억하더라" 요 2:17.

6. 예수님은 성령님의 도우심을 따라 하나님의 뜻을 이루셨습니다

예수님은 이 땅에서 사역하실 때, 성령님의 도우심을 받아 하나님의 뜻을 이루셨습니다. 하나님은 예수님께 성령님을 한량없이 부어 주셨습니다.

"하나님이 보내신 이는 하나님의 말씀을 하나니 이는 하나님이 성령을 한량없이 주심이니라" 요 3:34.

예수님은 성령님의 인도를 받으셨습니다. 우리도 하나님의 뜻을 따르기 위해 성령님의 인도를 받아야 합니다. 성령님의 인도를 받는 것이 하나님의 자녀가 된 표시입니다.

"무릇 하나님의 영으로 인도함을 받는 사람은 곧 하나님의 아들이라" 롬 8:14.

예수님은 성령님을 힘입어 기도하셨고, 성령님을 힘입어 귀신을 쫓아내셨습니다. 예수님은 성령님의 기름 부으심을 통해 선한 일을 행하셨습니다. 우리가 기도할 때 성령님의 도우심을 받아야 하는 끼닭은 성령님께서 하나님의 뜻을 아시고, 하나님의 뜻을 따라 중보해 주시기 때문입니다.

"마음을 살피시는 이가 성령의 생각을 아시나니 이는 성령이 하나님의 뜻대로 성도를 위하여 간구하심이니라" 롬 8:27.

우리는 성령님을 초청하고, 성령님을 환영하고, 성령 충만을 구해야 합니다. 말씀과 더불어 들려주시는 성령님의 음성을 들어야 합니다. 때로는 삶의 현장에서 말씀하시는 성령님의 음성에 귀를 기울여야 합니다. 성령님은 인도하시기도 하고 통제하시기도 합니다. 사도 바울이 소아시아에서 말씀을 전하려고 했을 때, 성령님은 그를 막으시고 마게도냐로 인도하셨습니다 행 16:6-10.

하나님의 말씀을 전하는 것은 하나님의 뜻이지만, 그 말씀을 어디서 전할지는 그때그때 인도를 받아야 합니다. 성령님의 인도하심에 민감해지면 내적 음성을 통해 인도를 받을 수 있습니다. 웨슬리 L. 듀웰은 「일마다 때마다 하나님의 인도를 받고 싶거든」이라는 책에서 보나 플레밍의 이야기를 기록하고 있습니다.

플레밍은 오클라호마에서 개최될 전도집회 약속 장소로 가기 위해 신시내티와 세인트 루이스에서 기차를 갈아타야만 했다. 그는 신시내티 역에서 기차를 기다릴 때에 이런 내적인 음성의 감동을 받게 되었다.

"그 기차를 타지 마라." 플레밍은 마음속으로 거부하였다.

"이 기차는 서쪽으로 가는 기차와 연결되는 유일한 기차가 분명합니다."

다시 그 내적인 음성이 들렸다. "9시 30분 발 기차를 타지 마라." 이번에는 그 음성이 너무도 분명해서 그는 말하는 사람이 누구인지를 보려고 돌아섰다. 아무도 보이지 않았다. 그는 뭔가 위험에 임박해 있다는 것을 느끼기 시작했다.

9시 30분 발 기차가 떠난다는 안내 방송이 있기 바로 직전이 되자 플레밍은 '제시간에 그 모임에 도착해야만 한다. 나는 그 사람들을 실망시키고 싶지 않다'라고 생각했다. 또 다른 분명한 감동이 왔다. "그 일은 내게 맡겨라."

생각해보니 자기가 받은 감동들에 대해서 의심이 갔다. 그래서 그는 기차를 타려고 세 번째 시도를 했다. 다시 분명한 감동이 왔다. "그 기차를 타지 마라!"

플레밍은 제자리로 되돌아갔다. 그가 거기서 기다리는 동안에 그는 계속해서 마음의 평화를 느낄 수 있었다.

플레밍은 정오 기차를 탔다. 신시내티로부터 90마일쯤 되는 지점에서 기차가 멈췄다. 그곳에는 사고를 당한 9시 30분 발 기차의 잔해가 흩어져 있었다. 플레밍이 세인트 루이스에 도착해보니 기차가 제대로 연결되어 있었으며, 제시간에 오클라호마에 도착할 수 있도록 예약이 가능했다. 웨슬리 L. 듀웰, 「일마다 때마다 하나님의 인도를 받고 싶거든」, 예찬사, 186-187쪽

우리가 말씀과 성령님의 도우심을 받아 하나님의 뜻을 알고 기도할 때, 우리의 기도는 담대해집니다. 놀라운 기도의 응답을 받게 됩니다.

"그를 향하여 우리가 가진 바 담대함이 이것이니 그의 뜻대로 무엇을 구하면 들으심이라 우리가 무엇이든지 구하는 바를 들으시는 줄을 안즉 우리가 그에게 구한 그것을 얻은 줄을 또한 아느니라" 요일 5:14-15.

7. 예수님은 하나님의 뜻을 이루시기 위해 대가를 지불하셨습니다

하나님 아버지의 뜻을 이루기 위해서는 대가를 지불해야 합니다. 내 뜻을 내려놓아야 합니다. 내 소원을 내려놓아야 합니다. 여기서 우리는 하나님의 뜻과 내 뜻이 일치하지 않을 수 있음을 알아야 합니다.

하나님의 뜻을 좇는 것이 내 뜻을 좇는 것보다 어렵습니다. 왜냐하면 그것은 십자가의 길이기 때문입니다. 좁은 문이요 고난의 길이요 고통을 통과해야 하는 길이기 때문입니다. 예수님도 십자가를 지시기 전에 하나님 아버지의 뜻을 피하고 싶으셨습니다.

"이르시되 아버지여 만일 아버지의 뜻이거든 이 잔을 내게서 옮기시옵소서 그러나 내 원대로 마시옵고 아버지의 원대로 되기를 원하나이다 하시니"눅 22:42.

예수님이 제자들에게 하신 고백이 너무 처절합니다.

"말씀하시되 내 마음이 심히 고민하여 죽게 되었으니 너희는 여기 머물러 깨어 있으라 하시고"막 14:34.

그러나 예수님은 기도를 통해 자신의 원함을 내려놓으시고 하나님의 뜻을 좇으셨습니다. 두 가지 길 중에서 하나를 선택해야 한다면 어느 쪽이 하나님의 뜻일 가능성이 높을까요? 그것은 바로 좁은 길, 어려운 길, 남이 잘 가지 않는 길, 고난의 길, 대가를 지불해야 하는 길입니다. 넓은 길, 쉬운 길이 아닙니다. 죄의 낙을 누리는 길이 아닙니다. 세상 영광을 누리는 길이 아닙니다.

허드슨 테일러는 하나님이 자신을 중국 선교를 위해 부르신 것을 알았습니다. 이를 위해 그가 지불해야 할 대가 중에 가장 큰 대가는 사랑하는 어머니와 이별하는 것이었습니다. 그의 어머니도 하나님의 뜻을 이루기 위해 그의 아들과 이별해야 하는 대가를 지불해야 했습니다. 허드슨 테일러가 중국 선교를 향해 떠나기 전에 어머니와 이별하는 과정을 쓴 글이 우리의 눈시울을 뜨겁게 만듭니다. 그는 훗날 "회상"이라는 글에 다음과 같은 기록을 남겼습니다.

"지금은 하늘에 계신 나의 사랑하는 어머니께서 리버풀에서 나를 보러 오셨다. 나는 그날도 잊을 수 없거니와 거의 6개월이란 긴 기간 동안 머무를 나의 조그만 선실에 들르셨던 일도 잊을 수 없을 것이다. 어머니는 어머니의 사랑이 담긴 손길로 작은 침대를 깨끗이 해 주셨다. 어머니는 내 곁에 앉으셔서 기나긴 이별에 들어가기에 앞서 함께 마지막 찬송을 부르셨다. 우리는 함께 무릎을 꿇었고 어머니는 기도하셨다. 그것이 내가 중국으로 가기 전에 마지막으로 들은 어머니의 기도였다. 그러자 우리는 헤어져야 한다는 전갈이 왔다. 우리는 지상에서 다시 볼 수 있으리라 기대하지 않은 채 작별인사를 해야만 했다." 헨리 블랙가비 · 클로드 킹 공저, 「하나님을 경험하는 삶」, 요단출판사, 235쪽 재인용

허드슨 테일러는 그때 어머니가 느끼셨을 감정과 깨달음에 대해 계속 다음과 같이 기록했습니다.

"나를 위해서 어머니는 자신의 감정을 할 수 있는 한 억제하셨다. 우리는 헤어졌고 어머니는 나를 축복하면서 바닷가로 가셨다! 나는 갑판에 홀로 서 있었고, 어머니는 우리가 선창을 지나 먼 바다로 나가는 동안 배를 따라오셨다. 선창을 벗어나면서 이별이 한층

깊이 느껴졌다. 나는 그때 어머니의 마음에서 배어나오던 고통의 절규를 절대로 잊을 수 없을 것이다. 그것은 마치 비수와 같이 내 마음을 관통해 지나갔다. 그 때까지 나는 '하나님이 세상을 이처럼 사랑하사'라는 말의 의미를 완전히 깨닫지 못하고 있었다. 그리고 그 순간 나의 귀한 어머니도, 멸망하는 세상을 향한 하나님의 사랑을 평생 느꼈던 것보다 더 많이 배우셨다는 것을 나는 확신한다."

<small>헨리 블랙가비 · 클로드 킹 공저, 같은 책, 235쪽, 재인용</small>

예수님도 잠시 동안이지만 십자가에서 아버지의 버림을 받은 아픔을 경험하셨습니다. 사랑하는 어머니가 보는 앞에서 처절하게 죽는 모습을 보여 드려야 하는 아픔을 경험하셨습니다.

◇◇◇◇◇
하나님의 뜻을 행할 때에
풍성한 열매를 맺게 됩니다
◇◇◇◇◇

하나님의 뜻을 행하는 것은 쉬운 일이 아닙니다. 왜냐하면 우리는 하나님의 뜻보다 내 뜻을 더 이루기 원하기 때문입니다. 또한 우리의 육은 하나님의 뜻에 대해 무지할 뿐 아니라 오해하게 만들기 때문입니다. 그러기에 우리는 거듭 성경으로 돌아가야 합니다. 성경에서 말씀하고 있는 하나님의 뜻을 신뢰해야 합니다.

"너희는 이 세대를 본받지 말고 오직 마음을 새롭게 함으로 변화를 받아 하나님의 선하시고 기뻐하시고 온전하신 뜻이 무엇인지 분별하도록 하라"롬 12:2.

하나님의 뜻은 선하십니다. 그분의 뜻에는 기쁨이 담겨 있습니다. 온전합니다. 하나님의 뜻은 우리를 향한 하나님의 생각, 즉 하나님의 계획을 의미합니다.

"여호와의 말씀이니라 너희를 향한 나의 생각을 내가 아나니 평안이요 재앙이 아니니라 너희에게 미래와 희망을 주는 것이니라"렘 29:11.

하나님의 뜻은 우리를 괴롭히려는 것이 아닙니다. 하나님은 괴팍한 분이 아니십니다. 하나님은 우리를 사랑하시는 아버지입니다. 하나님은 우리에게 가장 좋은 것을 주시고, 가장 좋은 길로 인도해 주길 원하십니다. 그런데 우리가 볼 때, 하나님이 인도해 주시는 길이 별로 좋아 보이지 않을 때가 있습니다. 십자가의 길, 고난의 길, 좁은 길은 좋아 보이지 않습니다. 하지만 하나님은 십자가의 길 너머에 부활의 영광스런 길을 예비해 두셨습니다. 우리가 하나님의 뜻이 이루어지길 간절히 기도한다면 그 길을 발견할 수 있을 것입니다. 그리고 그때 우리는 하나님의 능력을 받아 하나님의 뜻을 따를 수 있을 것입니다.

예수님이 십자가에서 하나님의 뜻을 이루신 결과는 놀라웠습니다. 이사야는 예수님이 십자가를 지신 후에 보게 될 풍성한 열매를 다음과 같이 미리 예언했습니다.

> "여호와께서 그에게 상함을 받게 하시기를 원하사 질고를 당하게 하셨은즉 그의 영혼을 속건제물로 드리기에 이르면 그가 씨를 보게 되며 그의 날은 길 것이요 또 그의 손으로 여호와께서 기뻐하시는 뜻을 성취하리로다 그가 자기 영혼의 수고한 것을 보고 만족하게 여길 것이라 나의 의로운 종이 자기 지식으로 많은 사람을 의롭게 하며 또 그들의 죄악을 친히 담당하리로다"사 53:10-11.

우리 인간은 하나님의 뜻을 좇기보다는 각기 제 길로 가려고 합니다. 그런 까닭에 우리에게는 선한 목자 되신 예수님의 인도하심과 도우심이 더욱 더 필요합니다. 말씀과 성령님의 도우심이 필요합니다.

> "우리는 다 양 같아서 그릇 행하여 각기 제 길로 갔거늘 여호와께서는 우리 모두의 죄악을 그에게 담당시키셨도다"사 53:6.

예수님이 하나님의 뜻을 행하시기 위해 죽기까지 복종하셨을 때, 하나님은 예수님의 이름을 모든 이름 위에 뛰어난 이름이 되게 하셨습니다. 하늘과 땅의 모든 자들이 예수님의 이름에 무릎을 꿇게 하셨습니다.

> "사람의 모양으로 나타나사 자기를 낮추시고 죽기까지 복종하셨으니 곧 십자가에 죽으심이라 이러므로 하나님이 그를 지극히 높여 모든 이름 위에 뛰어난 이름을 주사 하늘에 있는 자들과 땅에 있는 자들과 땅 아래에 있는 자들로 모든 무릎을 예수의 이름에 꿇게 하시고 모든 입으로 예수 그리스도를 주라 시인하여 하나님 아버지께 영광을 돌리게 하셨느니라"빌 2:8-11.

예수님은 하나님의 뜻이 하늘에서 이루어진 것처럼 땅에서도 이루어지기를 간절히 기도드리셨습니다. 그리고 우리도 이와 같은 기도를 드려야 합니다. 그러기 위해서는 내 뜻보다 하나님의 뜻이, 내 원함보다 하나님의 원하심이 더 좋은 것을 알고 믿어야 합니다. 그렇게 믿을 때에 비로소 우리는 우리의 뜻과 원함을 내려놓고, 하나님의 뜻과 하나님의 원하심을 따를 수 있습니다. 우리의 모든 사건들이 합력하여 선을 이룰 수 있습니다.

> "우리가 알거니와 하나님을 사랑하는 자 곧 그의 뜻대로 부르심을 입은 자들에게는 모든 것이 합력하여 선을 이루느니라"롬 8:28.

그런 까닭에 우리는 어떤 상황 속에서도 항상 기뻐하고 쉬지 말고 기도하며 범사에 감사할 수 있습니다.

"항상 기뻐하라 쉬지 말고 기도하라 범사에 감사하라 이것이 그리스도 예수 안에서 너희를 향하신 하나님의 뜻이니라" 살전 5:16-18.

하나님께서 우리에게 그분의 뜻을 따라 행하라고 명하시는 것은 우리의 유익을 위함입니다. 토마스 왓슨의 말에 귀를 기울여 보십시오.

> 하나님의 뜻을 행하는 것은 우리의 유익을 위한 것이다. 이것이 우리 자신의 사적인 유익을 증진시킨다. 마치 왕이 신하에게 금광을 파라고 명령하고 그래서 그가 파낸 모든 금을 그에게 주는 것과 같다. 하나님은 우리에게 그의 뜻을 행하라고 명하시는데 이것이 다 우리의 유익을 위한 것이다. 토마스 왓슨, 「주기도문해설」, CLC, 268쪽

우리는 달란트의 비유와 열 므나의 비유에서 이 사실을 발견할 수 있습니다. 우리가 하나님의 뜻을 따라 수고한 것들이 우리에게 상으로 주어지는 것을 보게 됩니다. 무엇보다 하나님의 뜻을 행할 때, 우리 내면은 평화와 은밀한 기쁨으로 충만하게 됩니다. 또한 하나님의 뜻을 행할 때, 우리는 예수님과 한 가족이 되고마 12:50 영원히 기하게 됩니다 요일 2:17. 그러므로 우리는 하나님의 뜻을 알 수 있는 지혜와 그분의 뜻

을 따를 수 있는 능력을 구해야 합니다.

> "이로써 우리도 듣던 날부터 너희를 위하여 기도하기를 그치지 아니하고 구하노니 너희로 하여금 모든 신령한 지혜와 총명에 하나님의 뜻을 아는 것으로 채우게 하시고"골 1:9.

앞에서 말씀드린 것처럼, 우리 삶에 애매하고 모호한 것들 속에서 하나님의 뜻을 발견하고 인도를 받기 위해서는 아주 지혜로워야 합니다. 먼저 하나님의 뜻을 분별하기 위해 하나님의 말씀을 읽으십시오. 기도를 통해 하나님의 뜻을 알게 해 달라고 기도하십시오. 하나님께 지혜를 달라고 기도하십시오. 성령님께서 내적인 음성을 들려주시도록 기도하십시오. 하나님의 지혜로 무장한 영적 안내자들을 만나 도움을 받으십시오. 상식과 지혜를 무시하지 마십시오. 하나님은 일정한 원리와 법칙을 따라 하나님의 뜻을 이루어 가십니다.

부디 날마다 하나님의 뜻이 이루어지길 기도하십시오. 일평생 동안 하나님의 뜻을 이루어 그분을 기쁘시게 하는 생애가 되시길 바랍니다.

| 일용할 양식을 위해 드리는 기도 |

Chapter 6

주기도문은 영혼육을 강건케 하는 기도입니다

마 6:11
오늘 우리에게 일용할 양식을 주시옵고

주기도문은
하나님의
마음입니다

◇◇◇◇◇
하나님 아버지는 우리의 먹는 문제에
관심을 갖고 계십니다
◇◇◇◇◇

　예수님이 가르쳐 주신 주기도문은 정말로 균형을 잘 이룬 기도문입니다. 주기도문 전반부에서 예수님은 하나님을 향해 올려 드리는 세 가지 청원에 대해 가르쳐 주십니다.

　　첫째 청원, 이름이 거룩히 여김을 받으시오며
　　둘째 청원, 나라가 임하시오며
　　셋째 청원, 뜻이 하늘에서 이루어진 것 같이 땅에서도 이루어지이다.

　그리고 후반부에서는 우리들 자신을 위한 세 가지 청원에 대해 가르쳐 주십니다.

> 첫째 청원, 오늘 우리에게 일용할 양식을 주시옵고
> 둘째 청원, 우리가 우리에게 죄 지은 자를 사하여 준 것 같이 우리 죄를 사하여 주시옵고
> 셋째 청원, 우리를 시험에 들게 하지 마시옵고 다만 악에서 구하시옵소서.

주기도문 후반부에 나오는 첫 번째 청원은 일용할 양식을 구하는 기도입니다. 하나님은 우리의 먹는 것에 깊은 관심을 갖고 계십니다. 때로는 그리스도인들이 지나치게 영적일 때가 있습니다. 하나님은 우리가 오직 영적인 일에만 관심을 갖고 살기를 원한다고 오해할 때가 있습니다. 하지만 하나님은 결코 우리의 영적인 일에만 관심을 갖고 계신 것이 아닙니다. 우리의 육적인 일에도 똑같이 관심을 갖고 계십니다.

하나님은 우리의 가장 기본적인 필요에 관심을 갖고 계십니다. 사람이 태어나서 이 세상을 떠날 때까지 가장 기본적인 필요가 있다면 그것은 먹는 것입니다. 먹는 문제는 빈부귀천이 없습니다. 누구나 먹어야 삽니다. 먹지 못하면 죽게 되어 있습니다. 먹는 것은 항상 중요한 삶의 이슈입니다. 지금 이 순간에도 문득 오늘 무엇을 먹을까라는 생각을 하는 분이 계실 것입니다. 먹는 문제는 우리의 호흡만큼이나 중요합니다. 지금은 매우 부요해졌지만 어릴 적 가난할 때에는 먹는 문제만큼 절박한 것이 없었고, 먹는 시간처럼 즐거운 시간이 없었습니다.

부모의 가장 중요한 책임은 자녀들의 먹는 문제를 책임져 주는 것입니다. 아버지와 어머니가 식사 시간이 되었을 때 "밥 먹어라"고 하시

는 말은 참으로 다정하고 소중한 말입니다. 최근에 신현림 작가가 쓴 「아빠에게 말을 걸다」라는 책을 읽었습니다. 어머니가 돌아가신 후에, 그녀는 아버지가 계시는 고향집에서 글을 쓰는 동안, 손수 밥을 지어주시는 아버지에 대한 고마운 마음을 다음과 같이 기록하고 있습니다.

> 나는 아버지가 계시는 고향집에서 작업을 하면 더 잘된다. 지금도 그렇다. 마침 내 영혼의 창작소에 불빛을 환히 밝히며 원고 마감 전쟁 중인 딸을 위해 손수 밥을 지어주는 아버지. 그분이 날 부르신다.
> "밥 먹어라."
> 아주 멀리서 아주 깊은 곳에서 울리는 북소리처럼 든든하다. 가슴 먹먹하도록 고맙고 참으로 죄송했다. 밥이란 말만큼 가슴 뭉클한 말이 있을까. 나는 서른 즈음에 처음 취직해 직장을 다니면서 그 밥벌이가 얼마나 힘들고 어려운가를 뼈아프게 느꼈다. 그 밥 한 사발이 얼마나 숭엄하며, 얼마나 생이 고마운지도 절실히 느꼈다. 그날 먹을 밥이 있으면 걱정이 없듯이 아버지가 곁에 있으면 안심이 된다. 신현림, 「아빠에게 말을 걸다」, my, 20쪽

신현림 작가의 고백처럼 "밥 먹어라"는 말처럼 정겨운 말이 있을까요? '밥'이라는 말처럼 가슴 뭉클한 말이 있을까요? 지금 우리는 너무 먹을 것이 많아 문제이지만, 이 세상에는 지금도 먹을 것이 없어 죽

어가는 사람들이 많습니다. 이 사실을 기억한다면, 일용할 양식을 구하는 기도는 아주 중요한 기도입니다.

예수님이 우리에게 가르쳐 주신 아버지는 좋으신 아버지입니다. 하나님 아버지는 우리에게 먹는 문제가 얼마나 중요한지를 아십니다. 그분은 식사 시간이 되어 배가 고플 때, "밥 먹어라"고 부르시는 아버지입니다.

예수님이 우리에게 "오늘 우리에게 일용할 양식을 주시옵고"마 6:11 라고 가르치신 그 뜻을 깊이 헤아려 보면 좋겠습니다.

1. 예수님은 우리의 몸을 위해 양식을 구하라고 가르치십니다

예수님은 육신을 입고 이 땅에 오셨습니다. 영이신 하나님께서 우리를 위해 육신을 입으셨습니다. 친히 육신을 입으신 것은 우리를 이해하시기 위함이었습니다.

예수님이 사십 일 금식을 하셨을 때, 마귀가 와서 먹는 것으로 시험했습니다.

> "사십 일을 밤낮으로 금식하신 후에 주리신지라 시험하는 자가 예수께 나아와서 이르되 네가 만일 하나님이 아들이어든 명하여 이 돌들로 떡덩이가 되게 하라"마 4:2-3.

뱀이 첫 번째 아담을 시험했던 것도 먹는 것이었습니다. 바로 선악과를 따 먹는 것으로 아담과 하와를 유혹했습니다. 마귀가 먹는 것으로 유혹한다는 것은 사람에게 먹는 것이 아주 중요하다는 것을 거듭 강조해 줍니다. 사실 얼마나 많은 사람들이 지금도 먹는 것 때문에 유혹을 받고 있는지 모릅니다. 먹는 것 때문에 시험 들고, 먹는 것 때문에 마음 상하고, 먹는 것 때문에 힘들어 하는 것을 보게 됩니다. 그런 까닭에 예수님께서는 우리에게 일용할 양식을 위해 기도하라고 말씀하신 것입니다. 예수님의 영성은 일상과 밀접한 관계가 있습니다. 또한 먹는 것과도 밀접한 관계가 있습니다.

> 영성 형성을 위한 기독교적 훈련이 일상의 삶과 분리된 어떤 것을 만들어 낸다면 이것은 매우 잘못된 길로 접어드는 것이다. 음식을 먹는 것보다 더 일상적인 일은 없다. 유진 피터슨, 「부활」, 청림출판, 97쪽

1) 양식은 우리의 생명을 보존하기 위해 필요합니다

왜 예수님께서는 일용할 양식을 구하라고 가르치셨을까요? 양식은 우리의 생명을 보존하는 데 필수적이기 때문입니다. 가장 중요한 것은 생명입니다. 온 천하를 얻어도 목숨을 잃어버린다면 천하가 무슨 소용이 있겠습니까?

사람에게 있어 가장 중요한 본능이 있다면 그것은 생존 본능이고, 생존하는데 꼭 필요한 것, 가장 기본이 되는 것이 바로 양식입니다. 밥입니다. 양식 안에는 생명이 들어 있기 때문입니다. 우리는 먹어야 삽

니다. 먹는 것은 우리의 존재 이유 중 하나입니다. 창조의 본질입니다. 하나님은 우리를 날마다 먹어야 사는 존재로 만드셨습니다.

2) 양식은 우리가 풍성한 삶을 누리기 위해 필요한 은총의 도구입니다
우리가 음식을 먹는 이유는 단순히 생명을 유지하기 위해서만이 아닙니다. 그 이유 중의 하나는 음식을 즐기기 위함입니다. 하나님은 우리가 음식을 통해 즐거움을 누리길 원하십니다. 우리의 삶은 먹는 것을 통해 풍성해집니다. 하나님은 우리에게 식욕을 주셨고, 먹는 것을 통해 즐거움을 누리게 하셨습니다.

"하나님이여, 귀한 음식을 주시고 왕성한 식욕도 주시어 감사합니다."
크롬웰 장군

유진 피터슨은 먹는 것의 즐거움에 대해 다음과 같이 기록하고 있습니다. 서양 음식이긴 하지만 그 표현을 통해 우리는 먹는 것의 즐거움을 공감할 수 있습니다.

우리는 즐기기 위해 먹기도 한다. 소금과 후추가 적당히 뿌려진 계란, 그 옆에 잘 익은 베이컨 한 조각, 약간의 시리얼에다 막 구운 블루베리 머핀, 이런 아침 식탁이라면 가히 예술적인 수준이라 할 만하다. 렌틸 수프와 옥수수 빵으로 친구와 함께 나누는 점심식사

에서는 대화와 영양이 절묘한 조화를 이루며 더없는 기쁨을 선사한다. 유진 피터슨, 같은 책, 96쪽

3) 양식은 친밀한 교제를 위해 중요합니다

사람이 가장 친밀해지는 장소가 바로 식탁입니다. 우리는 함께 먹을 때 친밀해집니다. 밥통이 열릴 때 소통이 시작됩니다. 마음이 열립니다. 예수님은 제자들과 더불어 식탁 교제 나누는 것을 즐거워하셨습니다. 헨리 나우웬은 사람이 무장을 해제하고 친밀한 교제 속으로 들어갈 수 있는 장소는 식탁과 침실이라고 말합니다. 우리는 식탁에서 식사를 할 때 무장을 해제합니다. 성경은 먹는 것과 친밀한 교제가 밀접한 관계를 가지고 있다고 가르칩니다.

"볼지어다 내가 문 밖에 서서 두드리노니 누구든지 내 음성을 듣고 문을 열면 내가 그에게로 들어가 그와 더불어 먹고 그는 나와 더불어 먹으리라"계 3:20.

예수님은 제자들을 식탁에서 양육하셨습니다. 예수님은 음식을 나누며 제자들을 가르치셨습니다. 식탁에서 아주 소중한 진리를 전수하셨습니다. 예수님은 십자가를 지시기 전에도 제자들과 함께 음식을 나누셨고, 부활하신 후에도 제자들과 함께 식사를 하셨습니다. 우리는 식탁에서 함께 음식을 나눌 때 예수님을 초청해야 합니다. 그때 우리

는 음식을 나누면서 예수님을 더욱 깊이 알게 되고, 서로를 알게 됩니다. 그것이 그리스도의 제자의 삶입니다.

"우리는 빵을 뗌으로써 그분을 알고, 또한 빵을 뗌으로써 서로를 안다." 도로시 데이

레너드 스윗 교수의 강의를 아주사신학대학원 30주년 기념 행사에서 들은 적이 있습니다. 강의의 마지막 부분이 제게는 충격적이었습니다. 그의 메시지는 진정한 교육을 위해 우리가 다시 식탁으로 돌아가야 한다는 것이었습니다. 미국에 사는 가족들이 한 주 동안에 함께 얼굴을 대하며 식사를 하는 것이 겨우 세 끼 정도에 불과하다고 합니다. 예수님은 식탁에서 음식을 나누시며 제자들을 교육하셨는데, 우리는 그 소중한 모범을 따르지 않고 있어 안타깝습니다. 우리는 다시 식탁으로 돌아가야 합니다. 유진 피터슨도 같은 안타까움을 그의 책에 기록하고 있습니다.

오늘날 우리들의 삶에서 식사는 그 중요성이 매우 축소되어 있다. 물론 여전히 먹으면서 살고 있지만, 식사의 세계는 해체되어버렸다. 패스트푸드점이 놀랄 만한 속도로 들어서고 있는 현상은 우리가 대화를 나눌 만한 여유가 거의 없다는 사실을 잘 보여 준다. 식당의 숫자가 엄청나게 늘어나는 것도 우리가 집에서 음식을 준비

할 시간이 그만큼 적어졌다는 말이다. 식탁 머리에 자리한 텔레비전 역시 우리의 친밀한 관계와 대화를 없애버린 요소다. 유진 피터슨, 같은 책, 107쪽

예수님이 우리에게 일용할 양식을 구하라고 가르치신 것은 식탁을 통해 친밀한 교제를 나눌 것을 포함하고 있다고 해도 결코 과언이 아닙니다. 예수님이 친히 식탁을 통해 친밀한 교제의 모범을 보여 주셨기 때문입니다.

2. 예수님은 날마다 일용할 양식을 구하라고 가르치십니다

예수님은 "오늘 우리에게 일용할 양식을 주시옵고"마 6:11라고 기도하라고 가르치십니다. 여기서 우리가 주목할 단어는 '오늘'이라는 단어와 '일용할'이라는 단어입니다. 누가는 일용할 양식을 구하는 주기도문을 다음과 같이 기록하고 있습니다.

"우리에게 날마다 일용할 양식을 주시옵고"눅 11:3.

예수님은 마태복음 6장 후반부에서 "목숨을 위하여 무엇을 먹을까 무엇을 마실까 몸을 위하여 무엇을 입을까 염려하지 말라"마 6:25고 말씀하셨습니다. 또한 "하늘 아버지께서 이 모든 것이 너희에게 있어야 할 줄을 아시느니라"마 6:32고 말씀하셨습니다. 그런데 주기도문에서는

"날마다 일용할 양식을 하나님 아버지께 구하라"고 말씀하십니다. 하나님 아버지께서 우리의 필요를 아신다면 그냥 주시면 될 것인데, 왜 예수님은 우리에게 날마다 일용할 양식을 구하라고 가르치셨을까요?

1) 날마다 일용할 양식을 주시는 분이 하나님이심을 인정하라는 것입니다

우리에게 먹을 것이 많다고 해서 그 먹을 것이 우리의 노력으로 얻어진 것이라고 생각하는 것은 아주 위험합니다. 우리가 먹는 양식은 모두 하나님께로부터 온 것입니다. 하나님은 이 사실을 가르치시기 위해 이스라엘 민족을 사십 년 동안 광야에서 훈련시키셨습니다. 그들에게 날마다 하늘에서 만나를 내려 주셨습니다. 또한 메추라기를 내려 주셨습니다.

"그 때에 여호와께서 모세에게 이르시되 보라 내가 너희를 위하여 하늘에서 양식을 비 같이 내리리니 백성이 나가서 일용할 것을 날마다 거둘 것이라 이같이 하여 그들이 내 율법을 준행하나 아니하나 내가 시험하리라"출 16:4.

"저녁에는 메추라기가 와서 진에 덮이고 아침에는 이슬이 진 주위에 있더니 그 이슬이 마른 후에 광야 지면에 작고 둥글며 서리 같이 가는 것이 있는지라"출 16:13-14.

모든 사람이 그런 것은 아니지만 상당히 많은 사람들이 일용할 양

식만 있는 것이 아니라 많은 음식을 냉장고에 쌓아 놓고 살고 있습니다. 그럼에도 불구하고 우리가 일용할 양식을 구약의 이스라엘 백성처럼 구해야 하는 이유는, 먹는 일용할 양식이 하나님께로부터 왔다는 것을 인정해야 하기 때문입니다. 먹는 것을 주시는 분은 하나님이십니다. 사람뿐만 아니라 모든 들짐승과 공중의 새가 먹는 것을 공급해 주시는 분도 하나님이십니다.

> "모든 사람의 눈이 주를 앙망하오니 주는 때를 따라 그들에게 먹을 것을 주시며 손을 펴사 모든 생물의 소원을 만족하게 하시나이다" 시 145:15-16.
>
> "들짐승과 우는 까마귀 새끼에게 먹을 것을 주시는도다" 시 147:9.
>
> "공중의 새를 보라 심지도 않고 거두지도 않고 창고에 모아들이지도 아니하되 너희 하늘 아버지께서 기르시나니 너희는 이것들보다 귀하지 아니하냐" 마 6:26.

2) 일용할 양식 앞에 모든 사람이 겸손하라는 것입니다

세상은 사람들을 여러 가지 방식으로 차별합니다. 하지만 하나님은 먹는 것 앞에 누구도 차별하지 못하게 하십니다. 광야에서 이스라엘 백성들이 먹은 음식은 만나와 메추라기였습니다. 그들은 모두 같은 음식을 먹었습니다. 또한 같은 양의 음식을 먹었습니다.

"여호와께서 이같이 명령하시기를 너희 각 사람은 먹을 만큼만 이 것을 거둘지니 곧 너희 사람 수효대로 한 사람에 한 오멜씩 거두되 각 사람이 그의 장막에 있는 자들을 위하여 거둘지니라 하셨느니라" 출 16:16.

함께 식탁에서 교제를 나눌 때, 우리는 계급장을 떼어야 합니다. 거만함을 피우지 않도록 해야 합니다.

> 식구들끼리 혹은 친구나 손님들과 식사하기 위해 음식을 준비하고 먹는 일처럼, 그렇게 자주 반복하면서도, 그처럼 무의식적으로, 그처럼 자연스럽고 평범하게 필요와 즐거움을 하나로 만들어 주는 행위가 어디 있을까? 우리는 살기 위해 먹고, 야채나 과일이나 빵처럼 모두 동일한 음식을 먹는다. 그래서 함께 먹는 행위는 적어도 순간적으로나마 거만함을 해소하는 좋은 방법이 되기도 한다. 함께 음식을 나누는 행위 속에서 남다름이나 명성은 뒤로 밀려난다.
> 유진 피터슨, 같은 책, 96쪽

하나님은 음식 앞에 모든 인간이 평등하다는 것을 우리에게 가르쳐 주십니다.

3) 일용할 양식을 통해 자족하고 감사하라는 것입니다

풍족해지면 우리는 일용할 양식에 대한 감사를 상실해버리고 맙니다. 이스라엘 백성들이 광야에서 처음 만나와 메추라기를 먹었을 때, 그들은 감격했습니다.

> "이스라엘 자손이 보고 그것이 무엇인지 알지 못하여 서로 이르되 이것이 무엇이냐 하니 모세가 그들에게 이르되 이는 여호와께서 너희에게 주어 먹게 하신 양식이라" 출 16:15.

그들은 만나를 처음 먹을 때, 경탄했습니다. 그러나 시간이 흐르면서 일용할 양식에 대한 감사를 상실해버리고 말았습니다. 결국에는 만나에 대해 불평과 원망을 했습니다.

우리는 일용할 양식에 대한 감격과 감사를 회복해야 합니다. 매일 음식을 대할 때마다 경이로운 마음을 가지고 대해야 합니다. 우리는 일용할 양식을 날마다 먹을 수 있는 것에 대해 감사해야 합니다.

이 지구상에는 수많은 사람들이 하루에 한 끼 정도만 먹고 살아갑니다. 심지어 한 끼도 먹을 수 없어 고통 받는 사람들도 있습니다. 당신은 최근에 언제 음식만 생각해도, 음식을 보기만 해도 군침이 도는 식욕으로 감사했습니까? 또한 언제 일용할 양식으로 자족하면서 감사했습니까?

함께하는 식사에는 종종 드러나지 않고 또 우리가 볼 수도 없는, 희생이라는 체험이 진하게 스며들어 있다. 하나의 생명이 희생되어 다른 이의 생명이 유지되는 것이다. 당근이나 오이나 생선이나 오리나 양이나 송아지나 어쨌든 이 모든 것은 생명이다. 식사를 하면서 우리는 복잡한 희생의 세계에 개입하게 된다. 한 생명이 또 다른 생명을 먹여 살린다. 우리는 결코 자족적인 존재가 아니다. 우리는 생명을 먹고 살며, 이 생명은 밖에서 주어진다. 유진 피터슨, 같은 책, 107쪽

우리는 우리에게 생명과 에너지를 공급하기 위해 음식들이 희생 당하고 있음을 기억해야 합니다. 뿐만 아니라 그 음식을 주시는 하나님과 땀 흘려 수고한 농부와 어부들에게 감사하는 마음을 가져야 합니다.

3. 예수님은 자신의 양식과 함께 이웃의 양식까지 구하라고 가르치십니다

주기도문에서 반복해서 나오는 단어가 '우리'라는 단어입니다. 주기도문은 자신만을 위한 기도가 아닙니다. 공동체를 위한 기도입니다. 예수님은 "오늘 우리에게 일용할 양식을 주시옵고"마 6:11라고 기도하라고 가르치십니다. 우리는 자신만 배부르면 된다는 생각을 해서는 안 됩니다. 우리 이웃들의 양식에도 관심을 가져야 합니다.

누가복음 11장을 보면 주기도문에 이어서 간청기도에 관한 예수님의 비유가 나옵니다. 여행 중에 찾아온 친구에게 필요한 양식을 위해

밤에 드리는 간청기도에 대한 비유입니다.

"또 이르시되 너희 중에 누가 벗이 있는데 밤중에 그에게 가서 말하기를 벗이여 떡 세 덩이를 내게 꾸어 달라 내 벗이 여행 중에 내게 왔으나 내가 먹을 것이 없노라 하면 그가 안에서 대답하여 이르되 나를 괴롭게 하지 말라 문이 이미 닫혔고 아이들이 나와 함께 침실에 누웠으니 일어나 네게 줄 수가 없노라 하겠느냐 내가 너희에게 말하노니 비록 벗 됨으로 인하여서는 일어나서 주지 아니할지라도 그 간청함을 인하여 그 요구대로 주리라" 눅 11:5-8.

이 비유에 나오는 사람은 친구에게 필요한 양식을 얻기 위해 밤중에 다른 친구를 찾아가서 세 덩이 떡을 구하고 있습니다. 쉬지 않고 문을 두드리고 있습니다. 잭 하일스는 친구를 위한 이 간청기도에 대해 다음과 같이 언급했습니다.

> 자신을 위한 양식은 매일의 기도만으로 주어지게 됩니다. 그렇지만 다른 사람을 위한 양식은 강청이 있어야 합니다. 잭 하일스, 「기도탐구」, 두란노, 189쪽

내 양식을 구할 때는 낮에 기도하면 됩니다. 하지만 배고픈 친구, 배고픈 이웃의 양식을 위해서는 밤에라도 일어나서 기도해야 합니다.

간청하며 간절히 기도해야 합니다.

  고아들의 일용할 양식을 위해 일평생 기도하며 살았던 죠지 뮬러의 기도 생활은 주기도문에 나오는 "우리에게 일용할 양식을 주시옵고"의 모범입니다. 그의 일기는 그가 고아들을 위해 하나님께 기도했을 때, 하나님이 신실하게 응답하신 사실을 기록하고 있습니다.

  1838년 11월 28일. 오늘은 가장 놀라운 날일 것이다! 오늘 아침 기도할 때 겉으로 보기에는 모든 상황이 암담하였지만 주님께서 도와주시리라는 확신이 들었다. 정오에 나는 평상시와 같이 형제 자매들과 함께 기도 모임을 가졌다. 그때까지 1실링밖에 들어오지 않았으며 그 돈도 이미 다 쓰고 2펜스만 남아 있었다. 세 고아원에 필요한 저녁거리는 있었지만 영아원과 소년원에는 빵과 우유가 부족하였다. 우리는 이 어려운 상황을 주님의 손에 의탁하고 합심해서 기도하였다.

우리가 기도하는 중에 누군가 문을 두드리는 소리가 나서 한 자매가 나가보았다. 다른 두 형제와 나는 큰 소리로 기도한 후에 잠시 동안 묵상기도를 계속하고 있었다. 나의 마음을 주님께 드리면서 그분께 피할 길을 마련해 달라고 간구하였다. 그분만을 바라보는 것 이외에 양심을 지키면서 아이들을 위해 먹을 것을 마련할 수 있는 방법이 있는지 주님께 여쭈어 보았다.

우리가 기도를 마치고 일어났을 때, 나는 "하나님께서 반드시 도와

주실 것입니다"라고 말하였다. 그 말을 마친 후 얼마 지나지 않아 식탁 위에 놓여 있는 편지 한 통이 눈에 띄었다. 그 편지는 우리가 기도하는 중에 배달된 것이었다. 그 안에 고아들을 위해 쓰라고 10파운드가 들어 있었다. 죠지 뮬러, 「죠지 뮬러의 일기」, 두란노, 96쪽

초대 교회 성도들은 일용할 양식을 함께 나누기 위해 자신들이 가진 것을 내어 놓았습니다. 그렇게 함으로써 함께 아름다운 식탁 공동체를 이루었습니다.

"믿는 사람이 다 함께 있어 모든 물건을 서로 통용하고 또 재산과 소유를 팔아 각 사람의 필요를 따라 나눠 주며 날마다 마음을 같이 하여 성전에 모이기를 힘쓰고 집에서 떡을 떼며 기쁨과 순전한 마음으로 음식을 먹고 하나님을 찬미하며 또 온 백성에게 칭송을 받으니 주께서 구원 받는 사람을 날마다 더하게 하시니라"행 2:44-47.

우리는 하나님께 "오늘 우리에게 일용할 양식을 주시옵고"라는 기도를 드릴 때, 먹을 것이 없어 고통 받는 이웃들과 어린이들을 기억해야 합니다. 우리의 손을 펴서 가진 것을 나눌 수 있어야 합니다. 또한 먹을 것이 없어 고통 받는 이들을 위해 중보해야 합니다. 죠지 뮬러는 일평생 동안 고아들의 먹을 것을 위해 기도하는 중에 5만 번의 기도 응답을 받았습니다.

4. 예수님은 몸의 양식과 함께 영혼의 양식을 구할 것을 가르치십니다

우리는 몸을 위해 날마다 일용할 양식을 구할 뿐만 아니라 일용할 양식을 먹습니다. 그것도 아주 체계적으로, 구체적으로 먹습니다. 하지만 영혼의 양식인 하나님의 말씀은 그렇게 먹지 않는 것을 보게 됩니다. 일용할 양식을 갈망하는 것처럼 갈망하지 않는 것을 보게 됩니다. 인간은 육적인 존재로만 만들어진 것이 아니라 영적인 존재로 만들어졌습니다. 그런 까닭에 육신만 배가 부른다고 만족해 하는 존재가 아닙니다. 때로는 음식을 금하면서까지도 영적인 것을 추구하는 존재입니다. 우리 인간은 영혼의 깊은 만족이 없으면 공허할 수밖에 없는 존재입니다. 예수님께서 40일을 금식하고 주리셨을 때, 마귀가 찾아와 돌로 떡을 만들어 먹으라고 유혹했습니다. 우리는 그때 예수님께서 하신 말씀을 기억해야 합니다.

> "예수께서 대답하여 이르시되 기록되었으되 사람이 떡으로만 살 것이 아니요 하나님의 입으로부터 나오는 모든 말씀으로 살 것이라 하였느니라 하시니"마 4:4.

예수님이 인용하신 이 말씀은 신명기 8장 3절 말씀입니다.

> "너를 낮추시며 너를 주리게 하시며 또 너도 알지 못하며 네 조상들도 알지 못하던 만나를 네게 먹이신 것은 사람이 떡으로만 사는 것

이 아니요 여호와의 입에서 나오는 모든 말씀으로 사는 줄을 네가 알게 하려 하심이니라"신 8:3.

하나님이 만나를 주신 목적은, 사람이 떡으로만 사는 것이 아니요 하나님의 입에서 나오는 모든 말씀으로 사는 줄을 알게 하시려는 것이었습니다. 우리는 균형을 이루어야 합니다. 몸을 위한 양식만이 아니라 영의 양식도 구하고 먹어야 합니다.

예수님이 요한복음 6장에서 오병이어의 기적으로 무리에게 육의 양식을 먹이신 후에 하신 말씀을 읽고 묵상해 보십시오.

"썩을 양식을 위하여 일하지 말고 영생하도록 있는 양식을 위하여 하라 이 양식은 인자가 너희에게 주리니 인자는 아버지 하나님께서 인치신 자니라"요 6:27.

육의 양식도 중요하지만 그것은 썩고 맙니다. 하지만 영의 양식은 영생하는 양식입니다. 예수님은 우리의 영적인 양식으로 오셨습니다. 예수님은 생명의 떡이십니다.

"예수께서 이르시되 나는 생명의 떡이니 내게 오는 자는 결코 주리지 아니할 터이요 나를 믿는 자는 영원히 목마르지 아니하리라"요 6:35.

"내가 곧 생명의 떡이니라"요 6:48.

예수님은 이스라엘 백성들이 광야에서 먹었던 만나와 생명의 떡이신 자신의 살을 비교해서 말씀하십니다.

"너희 조상들은 광야에서 만나를 먹었어도 죽었거니와 이는 하늘에서 내려오는 떡이니 사람으로 하여금 먹고 죽지 아니하게 하는 것이니라 나는 하늘에서 내려온 살아 있는 떡이니 사람이 이 떡을 먹으면 영생하리라 내가 줄 떡은 곧 세상의 생명을 위한 내 살이니라 하시니라"요 6:49-51.

하나님의 관심은 육의 양식에만 있지 않으십니다. 하나님은 우리가 영의 양식을 먹고 영생하기를 원하십니다. 교회가 줄 수 있는 것이 바로 영의 양식입니다. 예수님의 살과 피를 기념하는 성찬입니다. 영적으로 우리는 예수님의 살과 피를 먹고 마심으로 영생을 얻게 됩니다.

하나님은 육의 양식과 영의 양식을 다 공급해 주십니다. 우리는 육의 양식뿐만 아니라 영의 양식도 필요하다는 것을 깨달아야 합니다. 날마다 육의 양식을 먹는 것처럼 영의 양식을 먹어야 합니다. 그때 우리는 아주 건강한 크리스천이 되어 하나님께 영광을 돌릴 수가 있습니다.

죠지 뮬러는 그런 면에서 아주 균형을 잘 이룬 영적 지도자였습니다. 그는 고아들에게 육의 양식만 먹인 것이 아닙니다. 그는 엄청난 양의 성경을 보급했고, 고아들의 영혼을 돌보기 위해 학교를 세워 그들을 양육했습니다.

> 1851년 5월 30일. 고아들 사이에서 우리들의 할 일이 증가하고 있다. 1834년 고아원의 개원 이래 오늘까지 5,343명의 어린이들이 브리스톨에 있는 학교에서 교육을 받았다. 주일학교에서는 2,379명을 교육했으며 성인학교에서는 1,896명을 교육시켰다. 우리는 또한 브리스톨 이외에 있는 학교에 수학하는 수천 명의 학생들을 지원해 주었다. 주님께서는 고아들 사이에 그분의 거룩하신 성령을 심어 주심으로써 우리의 마음을 기쁘게 해 주셨다. 죠지 뮬러, 같은 책, 187쪽

죠지 뮬러는 고아들에게 육의 양식과 영의 양식이 함께 필요하다는 것을 알았습니다. 그래서 성경을 가르쳤습니다. 그는 날마다 말씀 앞에 머무르며 그 말씀을 붙잡고 기도했습니다. 그는 자신의 영혼을 먼저 말씀과 기도로 돌볼 줄 알았습니다.

우리는 식탁의 교제를 통해 음식을 먹을 뿐만 아니라 말씀을 함께 나누어야 합니다. 육적인 풍요로움뿐만 아니라 영적인 풍요로움을 함께 누려야 합니다.

유대인들은 식탁에서 토라를 가르쳤습니다. 그늘은 육의 양식과 영의 양식을 함께 중요하게 여겼습니다.

"음식이 없는 곳에는 토라도 없고, 토라가 없는 곳에는 음식도 없다."
아브라함 코헨

김형종 목사의 책 「테필린」을 보면 유대인들의 식탁에 나오는 음식과 말씀의 균형 잡힌 교제에 대해 잘 설명해 줍니다.

> 또한 탈무드에 보면 식탁 시간에 대한 중요한 교훈이 다음과 같이 기록되어 있다. "세 사람이 한 식탁에 둘러앉아 식사를 할 때에 하나님의 말씀을 한 마디도 하지 않을 때에는 죽은 우상 제물을 먹는 것과 같다." 다시 말하면 세 사람이 식탁에 앉아 식사를 하며 토라에 관하여 의견을 교환하면 그곳은 거룩한 공간으로 변한다. 그러므로 유대인 몇 사람이 모여 식사를 하는 곳은 토라에 대한 열띤 토론의 장으로 변한다. 실제로 초대교회 사람들도 모일 때마다 식사를 하면서 말씀을 배우는 시간을 가졌다(행 2:42-48). 김형종, 「테필린」, 솔로몬, 301쪽

우리는 다시 식탁으로 돌아가야 합니다. 가정을 회복하는 길은 상실한 식탁 문화를 회복하는 것입니다. 또한 함께 모여 식사를 하며 말씀을 나누는 성경적인 식탁 문화를 만들어야 합니다. 식탁의 자리에 예수님을 초청하여 그분과 더불어 식사를 나누어야 합니다.

예수님께서는 부활하신 후에 엠마오로 가는 두 제자를 만나 함께

식사하셨습니다. 예수님이 떡을 떼어 그들에게 주셨을 때, 그들의 눈이 열렸습니다. 또한 처절한 실패를 경험했던 베드로와 제자들이 낙심 중에 고기를 잡고 있을 때, 예수님은 그들을 위해 숯불에 떡을 구워 놓으시고, 그들이 잡은 고기를 가져 오게 하여 식탁의 교제를 함께 나누셨습니다. 예수님은 식탁의 교제를 통해 그들을 치유하셨고 회복시키셨습니다. 특별히 베드로를 치유하시고 그에게 사명을 맡기셨습니다.

◇◇◇◇◇

일용할 양식은 우리에게
에너지를 공급해 줍니다

◇◇◇◇◇

예수님께서 "오늘 우리에게 일용할 양식을 주시옵고"라고 가르치신 기도는 아주 단순하지만 깊은 기도입니다. 우리는 이 기도를 예수님의 생애를 통해 조명함으로써 기도의 깊이를 더할 수 있습니다. 먹는 문제를 결코 소홀히 해서는 안 됩니다. 먹는 문제는 중요합니다. 성경의 역사는 먹는 문제의 역사입니다. 창세기는 먹는 것으로 시작했습니다. 또한 요한계시록은 생수를 마시는 것으로 결론을 맺습니다.

첫 번째 아담은 하나님이 금하신 선악과를 따 먹음으로 범죄했습니다. 그 결과 사망과 저주와 심판이 찾아왔습니다. 예수님이 이 땅에 오신 이유는 바로 첫 번째 아담의 죄를 해결해 주시기 위해서입니다. 먹는 것 때문에 생긴 병은 먹는 것으로 해결해야 합니다. 그런 까닭에 예수님은 생명나무로 오셨습니다. 생명의 떡으로 오셨습니다.

마지막 아담이신 예수님은 이 땅에 오셔서 마귀의 유혹을 물리치셨습니다. 친히 생명의 떡이 되셔서 우리에게 자신을 내어 주셨습니다. 예수님이 십자가에서 내어 주신 예수님의 살과 피 때문에 우리는 영생을 얻게 되었습니다.

일용할 양식을 위해 기도하는 것에 대해 부끄러워하지 마십시오. 그러나 내 양식만을 위해 기도해서는 안 됩니다. 우리 모두의 양식을 위해 기도해야 합니다. 또한 육의 양식만을 구해서는 안 됩니다. 영의 양식도 구하고 먹어야 합니다. 날마다 육의 양식과 함께 영의 양식을 먹으십시오. 영의 양식도 자신만을 위해 먹지 말고, 다른 사람에게 나누어 주십시오.

일용할 양식을 먹을 때마다 하나님께 감사하십시오. 또한 농부들과 영의 양식을 공급해 주는 영적 지도자들에게도 감사한 마음을 가지십시오.

주위에 먹을 것이 없어 고통 받는 이웃을 위해 가진 것을 나누어 주십시오. 육신의 양식에 굶주린 사람들에게는 육신의 양식을, 영적인 양식에 굶주린 사람들에게는 영혼의 양식을 나누어 주십시오.

하늘에 계신 하나님 아버지께 날마다 일용할 양식을 구하십시오.

또한 가족들을 식탁으로 다시 불러 모으십시오. 성도들을 식탁으로 다시 불러 모으십시오. 상실해 버린 식탁의 교제를 다시 회복하십시오. 그렇게 함으로써 가족을 세우고, 교회를 세우고, 우리 자녀들을 세웁시다.

하나님께 우리 모두에게 날마다 일용할 양식을 공급해 주시길 기도드립니다.

| 용서를 위해 드리는 기도 |

주기도문은 매인 것이 풀리는 기도입니다

Chapter 7

마 6:12
우리가 우리에게 죄 지은 자를 사하여 준 것 같이 우리 죄를 사하여 주시옵고

주기도문은
하나님의
마음입니다

◇◇◇◇◇
주기도문은 기도의 보석들이 담긴
보배합입니다
◇◇◇◇◇

 예수님께서 주기도문을 통해 가르쳐 주신 기도는 보석들입니다. 그분은 주기도문 안에 많은 내용을 담지 않으셨습니다. 아주 중요한 내용만을 담으셨습니다. 그런 까닭에 우리는 예수님이 가르쳐 주신 주기도문을 음미하지 않을 수 없습니다.
 예수님은 우리 자신을 위해 드려야 할 첫 번째 청원으로 날마다 일용할 양식을 구할 것을, 그리고 두 번째 청원으로 용서에 대해 가르쳐 주십니다.

 "우리가 우리에게 죄 지은 자를 사하여 준 것 같이 우리 죄를 사하여 주시옵고" 마 6:12.

누가복음에 나오는 주기도문에는 용서의 대상이 '모든 사람'임을 강조하고 있습니다.

"우리가 우리에게 죄 지은 모든 사람을 용서하오니 우리 죄도 사하여 주시옵고 우리를 시험에 들게 하지 마시옵소서 하라"눅 11:4.

기도와 용서는 아주 밀접한 관계가 있습니다. 또한 용서는 일용할 양식만큼이나 우리의 매일의 삶과 관련 있습니다. 그런 까닭에 예수님은 일용할 양식을 구하라고 말씀하신 후에 이어서 용서에 관해 가르치십니다.

제 서재를 보면 '기도'에 관한 책이 가장 많습니다. 그것은 기도가 아주 중요할 뿐 아니라 신비로운 세계라는 것을 보여 줍니다. 그리고 그 다음으로 많은 책 중 하나가 '용서'와 관련된 책입니다. 용서는 중요한 삶의 주제일 뿐 아니라 참으로 어려운 것이기 때문입니다.

제 서재에 '어떻게 미워할 것인가'에 대한 책은 없습니다. '어떻게 복수를 잘 할 것인가'에 대한 책도, '어떻게 원한을 품고 잘 살 수 있을 것인가'에 대한 책도 없습니다. 하지만 '어떻게 용서할 것인가'에 대한 책, '어떻게 화해하고 사랑할 것인가'에 대한 책은 많습니다. 특별히 용서와 기도는 아주 중요한 관계를 맺고 있습니다. 마태복음에 나오는 주기도문 후에 예수님이 거듭 강조하신 내용이 바로 용서에 관한 것입니다.

"너희가 사람의 잘못을 용서하면 너희 하늘 아버지께서도 너희 잘못을 용서하시려니와 너희가 사람의 잘못을 용서하지 아니하면 너희 아버지께서도 너희 잘못을 용서하지 아니하시리라"마 6:14-15.

마가복음에서도 예수님이 믿음으로 기도할 것을 가르치신 다음에 전혀 다른 주제처럼 느껴지는 용서에 대한 말씀을 하시는 것을 보게 됩니다.

"그러므로 내가 너희에게 말하노니 무엇이든지 기도하고 구하는 것은 받은 줄로 믿으라 그리하면 너희에게 그대로 되리라"막 11:24.

마가복음 11장 24절은 믿음으로 기도를 드릴 것에 대해 말씀하십니다. 그리고 이어 25절에서 용서에 대해 말씀하십니다.

"서서 기도할 때에 아무에게나 혐의가 있거든 용서하라 그리하여야 하늘에 계신 너희 아버지께서도 너희 허물을 사하여 주시리라 하시니라"막 11:25.

우리는 기도할 때에 내가 용서하지 못한 사람이 있는지 잘 살펴야 합니다. 용서하지 못한 마음은 기도의 장애물이기 때문입니다.

이 장에서 우리는 왜 예수님께서 용서의 기도를 강조하시는가를 잘 살펴보아야 합니다.

1. 용서는 우리의 삶을 풍성하게 해 주는 은총의 도구입니다

앞에서 우리는 육의 양식과 영의 양식이 얼마나 우리 삶을 풍성하게 해 주는가를 살펴보았습니다. 그런데 용서 역시 일용할 양식 이상으로 우리 삶을 풍성케 해 주는 은총의 도구입니다.

> 양식을 구하는 것과 용서를 구하는 것은 분명하게 관련이 있습니다. 많은 사람이 이 관련성을 보지 못합니다. 이 사람들은 하나님에게서 일용할 양식을 얻지만, 자기가 날마다 짓는 죄에 대해서는 용서를 구하지 않습니다. 우리가 일상생활 하는데 필요한 것들을 가장 풍성히 공급받는다 해도, 동시에 우리가 하나님께서 용서하시는 은혜를 받지 않는다면 그것은 전혀 복이 아닙니다. 코르넬리스 프롱크, 「하이델베르크 교리문답으로 보는 주기도문」, 그책의사람들, 110쪽

저는 성경과 제 개인의 삶, 그리고 수많은 사람들의 삶을 관찰하는 중에 용서가 주는 풍성한 삶에 대해 배우게 되었습니다. 예수님이 가르쳐 주신 용서는 우리가 지은 죄에 대해 용서를 받는 것과 우리에게 죄 지은 사람의 죄를 용서해 주는 것이 함께 포함되어 있습니다.

1) 용서받고 용서하면 자유케 됩니다

우리 인생을 가장 비참하게 만드는 것은 죄입니다. 우리는 죄를 짓는 순간 죄의 종이 됩니다. 죄 때문에 상처를 받게 됩니다. 나의 죄와 누군가의 죄 때문에 미움이 생깁니다. 과거에 누군가로부터 받은 상처와 아픔 때문에 과거라는 감옥에 갇히게 됩니다.

예수님이 이 땅에 오신 이유는 우리 죄를 용서하시기 위해서입니다. 뿐만 아니라 죄의 종이 된 우리를 자유케 하시기 위해서입니다.

"예수께서 대답하시되 진실로 진실로 너희에게 이르노니 죄를 범하는 자마다 죄의 종이라"요 8:34.

"그러므로 아들이 너희를 자유롭게 하면 너희가 참으로 자유로우리라"요 8:36.

수많은 사람들이 죄의 감옥에 갇혀 있습니다. 죄로 말미암아 생긴 죄책감과 증오심, 복수심과 분노, 이기심과 탐욕, 열등의식과 상처라는 감옥에 갇혀 있습니다. 또한 과거의 상처 때문에 생긴 미움과 원한, 후회의 포로가 되어 살아가고 있습니다. 예수님은 죄의 감옥과 죄의 포로된 우리를 자유케 하시기 위해 이 땅에 오셨습니다. 지금 우리는 자유인으로 살아가지만 사실 눈에 보이지 않는 감옥에 살아가고 있는지도 모릅니다. 눈에 보이는 감옥보다 더 무서운 감옥에 갇혀 살아가고 있는지도 모릅니다. 하지만 용서받고 용서할 때, 우리는 자유를 경험하게 될 것입니다.

2) 용서받고 용서하면 과거의 상처로부터 치유됩니다

대부분의 상처는 과거에 받은 것입니다. 물론 현재 받고 있는 상처도 있을 수 있습니다. 상처의 문제는 잘 다루어야 합니다. 왜냐하면 그것이 우리의 전 생애에 영향을 끼치기 때문입니다. 상처는 치유되지 않으면 덧날 수가 있습니다. 독이 되거나 쓴 뿌리가 생길 수가 있습니다. 또한 상처를 준 사람에 대해 복수하고 싶은 마음이 생길 수가 있습니다. 그러면 삶의 목표가 복수에 집중되는데 그것은 아주 위험한 것입니다.

"복수하기로 마음먹은 자는 무덤을 두 개나 파는 격이다." 중국 속담

복수에 초점을 맞추고 사는 사람은 결코 풍성한 삶을 누릴 수가 없습니다. 인생은 어렵고 힘든 것이지만, 인생이라는 정원을 잘 가꾸는 법을 배운다면 얼마든지 행복하고 즐거운 삶을 살 수 있습니다. 기쁨과 감사로 충만한 삶을 살 수 있습니다. 슬픔 중에도 희락을 경험할 수 있습니다. 고통 중에도 환희를 경험할 수 있습니다. 중요한 것은 과거에 받은 상처를 어떻게 치유하고 반응하느냐에 달려 있습니다. 상처를 치유하는 유일한 길은 용서입니다. 용서를 통해 우리는 과거의 상처로부터 치유되고, 과거의 상처로부터 자유케 될 수 있습니다. 상처 없이

사는 사람은 없습니다. 살아가는 것은 상처를 주고받는 것입니다. 상처는 사랑 때문에 오는 것입니다. 그런 까닭에 사랑 때문에 받은 상처를 치유하는 길은 더 큰 사랑만이 가능합니다. 그것이 하나님의 사랑이며 그 사랑 속에는 용서가 담겨 있습니다. 또한 우리가 하나님의 사랑으로 다른 사람을 사랑할 때, 서로의 상처를 치유해 주는 '상처 입은 치유자'가 될 수 있습니다.

3) 용서받고 용서하면 천국의 기쁨을 경험하게 됩니다

예수님이 오셔서 전파하신 첫 번째 메시지는 "회개하라 천국이 가까이 왔느니라"였습니다. 즉, 우리가 죄를 회개할 때, 천국이 임한다는 것입니다. 천국을 경험할 수 있다는 것입니다. 죄와 죄책감과 죄의 형벌에 대한 두려움은 기쁨을 앗아가지만, 죄를 회개하고 자백하면 놀라운 기쁨을 경험하게 됩니다.

"그러므로 너희가 회개하고 돌이켜 너희 죄 없이 함을 받으라 이같이 하면 유쾌하게 되는 날이 주 앞으로부터 이를 것이요" 행 3:19, 개역한글.

하나님 앞에서 죄를 감추는 것은 어리석은 짓입니다. 하지만 하나님께 죄를 자백하고 회개하면 유쾌함을 경험하게 됩니다. 그때 누리는 기쁨은 용서받은 기쁨입니다. 탕자가 아버지께 돌아왔을 때, 그는 아버지께 자신의 죄를 회개하고 용서를 받았습니다. 아버지가 준비해 주신 새 옷과 새 신, 금가락지와 살진 송아지보다 그에게 기쁨을 준 것은 바로 아버지의 용서였습니다. 찰스 스펄전은 탕자의 비통함이 어떻게 기쁨이 되었는가를 그의 설교에서 다음과 같이 고백했습니다.

"나의 삶은 슬픔과 비통으로 가득 찼었다. 나는 실패했다고 느꼈다. 그러나 은혜로우신 하나님의 복음이 나를 찾아왔다. 전능의 말씀이 '그를 구원하라!'고 외쳤다. 방금 전까지도 찢기고 비통했던 영혼은 기쁨으로 들떠 춤추기 시작했다. 기도실에서 돌아오던 길에 내리던 눈송이 하나하나가 하나님의 용납하심을 속삭이는 듯했다. 그것은 마치 하나님의 은혜로 깨끗케 된 나 자신에 대해 말하고 있는 것 같았다." 찰스 스펄전

슬픔과 비통으로 가득 찼던 그의 삶이 기쁨으로 들떠 춤추기 시작한 때는 그가 하나님의 은혜로 깨끗케 하심을 깨달았을 때였습니다. 그는 계속해서 다음과 같이 고백하고 있습니다.

"사유하심의 은총은 꿀과 같이 달콤한 것입니다. 그러나 이것을 지나 더욱 달콤한 것이 있는데 그것은 '내가' 용서하는 것입니다. 그것은 주는 것이 받는 것보다 복된 것처럼 용서하는 것은 용서받는 단계를 지나 더 높은 차원으로 우리를 인도합니다. 용서하는 것은 우리를 더 높이 고양시킵니다. 왜냐하면 그것은 복음의 날개로 날아오르는 것이기

때문입니다. 여러분 모두 저와 함께 이 날개를 펴고 함께 날아오릅시다." 찰스 스펄전

찰스 스펄전은 그가 용서받았을 때도 기뻤지만 그가 용서했을 때 더욱 기뻤다고 말합니다. 그는 용서를 통해 비상하는 날개가 생겼다고 고백합니다.

4) 용서받고 용서하는 것이 행복한 인간관계의 초석입니다

인간의 행복은 관계에 있습니다. 그리고 행복한 인간관계는 용서에 있습니다. 행복한 결혼 생활의 기초도 용서입니다. 행복한 가정은 싸움이 없거나 갈등이 없는 것이 아니라 용서 때문에 행복한 것입니다. 용서가 있는 가정은 늘 새롭습니다. 늘 새롭게 출발할 수 있습니다. 가정이 유지되고 관계가 발전하는 것은 문제나 갈등이 없어서라기보다 용서의 능력, 즉 화해의 능력이 있기 때문입니다. 오랜 인간관계가 지속되었다는 것은 그만큼 용서와 이해와 관용이 있었다는 것을 의미합니다.

용서받고 용서를 구하는 것은 결코 부끄럽거나 나약한 것이 아닙니다. 가장 아름다운 것이요 가장 용기 있는 것입니다. 존 스타토는 D.L.무디의 전기를 읽는 중에 가장 감명을 받은 것은 그가 잘못했을 때 용서를 구했던 것임을 강조합니다. 그의 서서인 「너의 죄를 고백하라」에 나온 내용을 소개합니다.

한번은 한 신학생이 설교를 하는 그를 방해하자 무디가 짜증을 내며 날카롭게 쏘아붙였다. 설교가 끝나갈 무렵 어떤 일이 일어났는지 J.C. 폴락은 이렇게 묘사한다. "설교가 끝부분에 이를 즈음 그는 잠시 멈추더니 이렇게 말했다. '여러분, 이 모임을 시작할 때 제가 큰 실수를 한 것에 대해 여러분 앞에서 고백하고 싶습니다. 저는 저기 아래에 있는 제 형제에게 바보 같은 대답을 했습니다. 하나님께 용서를 구합니다. 그리고 그에게 용서를 구합니다.' 그리고 어떤 일이 있었는지 사람들이 눈치 채기도 전에, 이 세상에서 가장 유명한 전도자가 연단을 내려와 중요하지도 않은 익명의 청년에게로 달려가 그의 손을 잡았다. 다른 참석자가 말했듯이, '철인 같은 그 사람이 이 땅의 말 중에서 가장 힘든 말인 미안합니다라는 말에 통달해 있음을 보여 주었다.'" 다른 누군가는 이를 "내가 본 무디가 한 일 중 최고의 일"이라 불렀다. 존 스타토, 「너의 죄를 고백하라」, IVP, 37–38쪽

5) 용서받고 용서할 때 풍성한 축복을 받게 됩니다

하나님으로부터 쓰임 받고 축복받은 사람들의 공통점은 용서의 사람이라는 것입니다. 요셉은 하나님께 존귀하게 쓰임 받은 축복받은 사람입니다. 하나님이 그를 애굽의 국무총리로 삼으신 후에 그를 더욱 축복하시기 위해 그에게 명하신 것은, 상처를 준 형제들을 용서하라는 것이었습니다. 하나님은 그의 두 아들의 이름을 통해 용서와 번영의

관계를 설명해 주셨고, 요셉은 순종함으로 풍성한 축복을 받았습니다.

> "요셉이 그의 장남의 이름을 므낫세라 하였으니 하나님이 내게 내 모든 고난과 내 아버지의 온 집 일을 잊어버리게 하셨다 함이요 차남의 이름은 에브라임이라 하였으니 하나님이 나를 내가 수고한 땅에서 번성하게 하셨다 함이었더라" 창 41:51-52.

요셉의 장남의 이름은 므낫세로 과거에 형제들이 지은 죄를 용서하고 잊어버리라는 의미로 지어진 이름입니다. 그리고 차남 에브라임은 하나님이 그가 수고한 땅에서 번성하게 하셨다는 의미로 지어진 이름입니다. 즉, 용서를 통해 번성함의 축복을 누리게 되었다는 의미입니다. 용서는 축복의 문을 열어 줍니다. 행복의 문, 기쁨의 문을 열어 줍니다.

욥기를 읽어 보십시오. 욥은 모든 것을 잃었습니다. 하지만 그가 고난의 끝자락에서 그에게 상처를 준 친구들을 용서하고 축복해 주었을 때, 하나님은 욥에게 상실한 것의 갑절의 축복을 허락해 주셨습니다. 욥의 생애를 통해 우리가 배울 수 있는 교훈도 마찬가지입니다. 용서를 통해 회복되고, 용서를 통해 풍성한 축복을 받아 누리게 된다는 것입니다. 용서는 우리를 가해한 사람에게 베푸는 것 같지만 사실은 자신에게 베푸는 배려요 축복입니다.

2. 우리는 모두 용서를 받고 용서를 베풀어야 할 죄인입니다

우리가 주기도문에서 기억해야 할 단어 중 하나는 '우리'라는 단어입니다. 성경은 우리 모두 죄 아래에 있으며 의인은 없나니 하나도 없다고 말씀합니다.

"그러면 어떠하냐 우리는 나으냐 결코 아니라 유대인이나 헬라인이나 다 죄 아래에 있다고 우리가 이미 선언하였느니라 기록된 바 의인은 없나니 하나도 없으며"롬 3:9-10.

"모든 사람이 죄를 범하였으매 하나님의 영광에 이르지 못하더니" 롬 3:23.

이것은 바울의 선언이라기보다 하나님의 선언입니다. 인간은 죄 중에 태어났습니다. 죄를 지어서 죄인이기 전에, 죄인으로 태어났기에 죄를 짓게 된 것입니다. 우리는 태어날 때부터 아담의 원죄를 가지고 태어났고, 성장하면서 그 죄가 드러나게 된 것입니다. 갓 태어난 아이는 치아가 보이지 않습니다. 하지만 그 치아가 자라면서 밖으로 나오는 것과 같이 우리 죄도 마찬가지입니다. 우리 안에는 아담의 원죄가 있고, 지금도 옛 사람이 우리 안에 활동하고 있음을 잊지 말아야 합니다.

우리에게는 철저한 자기 인식, 즉 죄인이라는 성경적인 깨달음이 필요합니다. 우리는 죄를 상대적으로, 또는 수학적으로 평가하는 경향이 있습니다. 그래서 자신이 다른 사람들에 비해 조금 더 선한 일을 많이 하거나 착하다고 생각하면 자신이 조금 나은 사람이라고 착각합니다. 하지만 그런 평가는 하나님 앞에서 옳지 않습니다. 우리는 모두 하나님의 심판과 저주와 정죄와 진노 아래 있는 죄인입니다. <u>스스로 죄 없다 하면 진리가 그 속에 있지 아니하며 하나님을 거짓말쟁이로 만드는 것입니다.</u>

> "만일 우리가 죄가 없다고 말하면 스스로 속이고 또 진리가 우리 속에 있지 아니할 것이요"_{요일 1:8.}
> "만일 우리가 범죄하지 아니하였다 하면 하나님을 거짓말하는 이로 만드는 것이니 또한 그의 말씀이 우리 속에 있지 아니하니라"_{요일 1:10.}

성경에서 하나님을 만난 사람들은 한결같이 자신이 죄인임을 고백했습니다. 이사야는 하나님을 만난 후에 "화로다 나여 망하게 되었도다 나는 입술이 부정한 사람이요 입술이 부정한 백성 중에 거주하면서 만군의 여호와이신 왕을 뵈었음이로다"_{사 6:5}라고 고백했습니다. 사도 바울의 고백도 들어보십시오.

> "미쁘다 모든 사람이 받을 만한 이 말이여 그리스도 예수께서 죄인을 구원하시려고 세상에 임하셨다 하였도다 죄인 중에 내가 괴수니라"_{딤전 1:15.}

우리는 모두 죄인입니다. 그러기에 하나님 앞에서 용서를 구해야 합니다. 또한 우리의 죄뿐만 아니라 우리 가족의 죄와 우리 민족의 죄까지도 함께 부둥켜안고 회개해야 합니다. 느헤미야와 다니엘이 그 모범을 우리에게 보여 줍니다.

"이제 종이 주의 종들인 이스라엘 자손을 위하여 주야로 기도하오며 우리 이스라엘 자손이 주께 범죄한 죄들을 자복하오니 주는 귀를 기울이시며 눈을 여시사 종의 기도를 들으시옵소서 나와 내 아버지의 집이 범죄하여 주를 향하여 크게 악을 행하여 주께서 주의 종 모세에게 명령하신 계명과 율례와 규례를 지키지 아니하였나이다"느 1:6-7.

"내 하나님 여호와께 기도하며 자복하여 이르기를 크시고 두려워할 주 하나님, 주를 사랑하고 주의 계명을 지키는 자를 위하여 언약을 지키시고 그에게 인자를 베푸시는 이시여 우리는 이미 범죄하여 패역하며 행악하며 반역하여 주의 법도와 규례를 떠났사오며 우리가 또 주의 종 선지자들이 주의 이름으로 우리의 왕들과 우리의 고관과 조상들과 온 국민에게 말씀한 것을 듣지 아니하였나이다"단 9:4-6.

느헤미야와 다니엘은 자신의 죄만 자복한 것이 아닙니다. 이스라엘 민족의 죄를 회개했습니다. 그들은 '우리'라는 표현을 사용해서 하나님께 범죄하고 패역한 죄를 회개했습니다. 행악하며 반역한 죄를 회개했습니다. 하나님의 법도와 규례를 떠난 죄를 회개했습니다. 선지자들을 통해 전해진 하나님의 말씀에 불순종한 것을 회개했습니다.

우리 모두는 용서를 구해야 합니다. 또한 우리는 우리에게 지은 모든 사람의 죄를 용서해야 합니다. 우리는 가끔 "그 사람은 용서받을 자격이 없는 사람이야"라는 말을 할 때가 있습니다. 하나님이 베푸신 용서의 은혜는 용서받을 자격이 있는 사람에게 베푸는 것이 아닙니다. 누가 용서받을 자격이 있습니까? 용서받을 조건을 갖춘 사람이 어디 있습니까? 용서는 하나님의 은혜요 선물입니다. 용서를 베푸시는 하나님께 나아가서 그분의 긍휼하심을 구하는 사람에게 베푸시는 하나님의 은혜입니다. 그런 까닭에 예수님은 우리에게 죄를 지은 모든 사람을 용서하라고 말씀하십니다.

"우리가 우리에게 죄 지은 모든 사람을 용서하오니 우리 죄도 사하여 주시옵고 우리를 시험에 들게 하지 마시옵소서 하라" 눅 11:4.

3. 용서의 근거는 십자가에서 흘리신 예수님의 보혈입니다

주기도문에 예수님의 보혈이 언급되어 있지는 않습니다. 그러나 우리가 받은 용서는 모두 예수님께서 십자가에서 흘리신 예수님의 보혈에 근거합니다. 주기도문을 잘못 이해하면, 우리가 다른 사람의 죄를 용서할 때 우리가 용서를 받을 수 있다고 생각하게 됩니다. 결코 그렇지 않습니다. 하나님께 우리가 받는 용서는 어떤 조건도 없습니다.

오직 하나님의 은혜로 말미암아 예수님의 보혈로 용서받게 됩니다.

우리가 다른 사람을 용서하는 근거는 우리가 하나님께 받은 용서와 예수님의 모범에 있습니다. 우리는 결코 우리 힘으로 용서받을 수도, 다른 사람을 용서할 수도 없습니다. 오직 하나님의 은혜로 용서를 받으며 오직 하나님의 사랑을 힘입어 다른 사람을 용서할 수 있습니다.

성경은 우리가 지은 죄를 '빚'으로 설명합니다. 그런데 우리가 지은 죄의 빚은 우리의 능력으로는 도저히 갚을 수가 없는 것입니다. 오직 예수님께서 십자가에서 흘리신 피값을 통해 우리는 용서를 받을 수 있습니다. 아무 조건이 없습니다. 예수님의 피값으로, 예수님의 은혜로 용서 받지 못할 죄는 없습니다.

더러운 옷이 어떻게 스스로 깨끗해질 수 있겠습니까? 반드시 누군가가 그 옷을 깨끗하게 빨아야 합니다. 이사야는 부정한 자신의 입술의 죄악을 스스로 제할 수 없었습니다. 하나님께서 천사를 보내 제단에서 집은 바 핀 숯을 통해 그의 악을 깨끗케 하시고, 그의 죄악을 사하신 것입니다.

"그 때에 그 스랍 중의 하나가 부젓가락으로 제단에서 집은 바 핀 숯을 손에 가지고 내게로 날아와서 그것을 내 입술에 대며 이르되 보라 이것이 네 입에 닿았으니 네 악이 제하여졌고 네 죄가 사하여졌느니라 하더라" 사 6:6-7.

우리는 스스로 지은 죄를 사함 받은 것이 아닙니다. 그렇다면 우리가 다른 사람을 용서할 때도 하나님이 우리를 용서하신 것처럼 아무 조건 없이 용서해야 합니다. 하나님의 용서를 받은 사람들이 용서받을 자격이 있었던 것이 아닙니다. 한결같이 용서받을 자격이 없었지만 하나님의 긍휼하심으로 용서받은 것입니다. 우리는 자격 없는 자로서 용서받았다는 감사와 감격이 없이는 다른 사람을 용서할 수 없습니다. 우리는 남을 용서할 때마다 우리가 하나님께 받은 용서의 은혜를 생각해야 합니다. 그렇지 않으면 예수님의 비유에 나오는 큰 빚을 진 사람과 같은 결과를 가져오게 될 것입니다.

"그러므로 천국은 그 종들과 결산하려 하던 어떤 임금과 같으니 결산할 때에 만 달란트 빚진 자 하나를 데려오매 갚을 것이 없는지라 주인이 명하여 그 몸과 아내와 자식들과 모든 소유를 다 팔아 갚게 하라 하니 그 종이 엎드려 절하며 이르되 내게 참으소서 다 갚으리이다 하거늘 그 종의 주인이 불쌍히 여겨 놓아 보내며 그 빚을 탕감하여 주었더니 그 종이 나가서 자기에게 백 데나리온 빚진 동료 한 사람을 만나 붙들어 목을 잡고 이르되 빚을 갚으라 하매 그 동료가 엎드려 간구하여 이르되 나에게 참아 주소서 갚으리이다 하되 허락하지 아니하고 이에 가서 그가 빚을 갚도록 옥에 가두거늘 그 동료들이 그것을 보고 몹시 딱하게 여겨 주인에게 가서 그 일을 다 일리니 이에 주인이 그를 불러다가 말하되 악한 종아 네가 빌기에 내가 네 빚을 전부 탕감하여 주었거늘 네가 너를 불쌍히 여김과 같이 너도 네 동료를 불쌍히 여김이 마땅하지 아니하냐 하고 주인이 노하여 그 빚을 다 갚도록 그를 옥졸들에게 넘기니라"마 18:23-34.

"너희가 각각 마음으로부터 형제를 용서하지 아니하면 나의 하늘 아버지께서도 너희에게 이와 같이 하시리라"마 18:35.

우리는 결코 우리가 지은 죄의 빚을 갚을 수 없습니다. 우리는 빚을 갚을 능력이 없는 죄 때문에 파산한 사람들입니다. 오직 하나님의 은혜로 탕감을 받은 사람들입니다. 그런 놀라운 은혜를 받고도 형제와 자매들이 우리에게 범한 죄, 우리에게 갚지 못한 작은 부채를 용서하지 못한다는 것은 옳지 않습니다.

4. 우리는 날마다 용서를 받고 용서를 베풀어야 합니다

우리는 날마다 일용할 양식을 구하는 것처럼 날마다 용서를 받고 용서를 베풀어야 합니다. 그런데 우리는 날마다 음식은 먹으면서 회개하는 것과 용서를 베푸는 것은 뒤로 미룰 때가 많습니다. 우리는 날마다 세수는 하면서 우리 영혼을 씻는 일은 하지 않습니다. 예수님을 믿는 순간, 우리의 원죄는 용서받습니다. 그때 우리는 예수님의 의를 전수 받음으로 의롭다 하심을 얻게 됩니다. 하지만 날마다 범하는 죄를 용서받기 위해 날마다 회개해야 합니다.

예수님이 제자들의 발을 씻겨 주실 때, 그것은 단순히 발을 씻겨 주신 것이 아니라 놀라운 교훈을 가르쳐 주신 것이었습니다. 제자들의 발을 씻겨 주실 때, 베드로는 예수님이 자신의 발을 씻겨 주시는 것을 감당할 수 없다고 말했습니다. 그때 예수님은 아주 중요한 말씀을 하십니다.

> "베드로가 이르되 내 발을 절대로 씻지 못하시리이다 예수께서 대답하시되 내가 너를 씻어 주지 아니하면 네가 나와 상관이 없느니라" 요 13:8.

이 말을 들은 베드로가 놀랍게 반응합니다.

> "시몬 베드로가 이르되 주여 내 발뿐 아니라 손과 머리도 씻어 주옵소서" 요 13:9.

그러자 주님께서 베드로에게 아주 소중한 교훈을 주십니다.

> "예수께서 이르시되 이미 목욕한 자는 발밖에 씻을 필요가 없느니라 온몸이 깨끗하니라 너희가 깨끗하나 다는 아니니라 하시니" 요 13:10.

이 말씀은 죄 용서와 밀접한 관계가 있습니다. 우리는 예수님의 보혈로 죄 사함을 받으면 예수님과 관계를 맺게 됩니다. 그때 우리는 하나님의 자녀가 되고 원죄를 사함 받습니다. 그것은 마치 목욕하는 것과 같습니다. 그렇다면 발을 씻는 것은 무엇을 의미할까요? 그것은 우리가 날마다 지은 죄를 자백하는 것과 같습니다. 그것은 우리가 성화에 이르는 데 반드시 필요한 것입니다.

> 이미 목욕한 사람은 다시 온몸을 씻을 필요가 없다는 것입니다. 발만 씻으면 됩니다. 그러니까 전인격이 한 번 씻음 받는 게 있습니다. 성경은 이를 칭의라 합니다. 하지만 의롭다 하심이나 용서를 받았어도 죄인은 여전히 하루가 멀다 하고 자기 발을 더럽힙니다. 그래서 날마다 씻음과 깨끗함을 받아야 합니다. 이것은 성화 또는 매일의 회심입니다. 코르넬리스 프롱크, 같은 책, 112쪽

하나님의 용서는 철저히 하나님의 자비하심에 근거한 것입니다. 그렇다면 우리가 다른 사람의 죄를 용서하는 것도 마찬가지입니다.

> 예수님은 두 가지 이유로 우리의 발을 씻어 주신다. 첫째는 우리에게 자비를 베푸시려는 것이고, 둘째는 우리에게 메시지를 주시려는 것이다. 그 메시지는 단순하다. 예수께서 무조건적인 은혜를 베푸셨으니 우리도 무조건적인 은혜를 베풀어야 한다는 것이다. 우리의 잘못보다 그리스도의 자비가 선행된 것처럼 우리의 자비도

다른 사람의 잘못보다 선행되어야 한다. 맥스 루케이도, 「예수님처럼」, 복 있는 사람, 31쪽

예수님이 제자들의 발을 씻어 주시는 장면을 통해 우리가 배워야 할 아주 중요한 교훈이 있습니다. 그것은 용서를 베푸시는 예수님이 먼저 무릎을 꿇으셨다는 것입니다. 죄 없으신 예수님이 먼저 손을 내미셨다는 것입니다. 곧 예수님을 팔고 부인하고 버리고 떠날 제자들에게 말입니다. 잘못한 사람이 먼저 손을 내민 것이 아니라 잘못이 없으신 예수님이 먼저 손을 내미신 것입니다. 바울은 예수님이 용서의 모범이시라고 가르칩니다.

"서로 친절하게 하며 불쌍히 여기며 서로 용서하기를 하나님이 그리스도 안에서 너희를 용서하심과 같이 하라"엡 4:32.

이것이 좋은 관계, 지속적인 관계, 행복한 관계를 맺는 비결입니다. 맥스 루케이도의 말을 기억하십시오.

"관계가 성공하는 것은 죄 있는 쪽이 벌을 받아서가 아니라 죄 없는 쪽에서 베푸는 긍휼 때문이다." 맥스 루케이도

용서는 한 번만 받고, 한 번 함으로 끝나는 것이 아닙니다. 용서는

우리의 삶의 한 부분이 되어야 합니다. 우리가 날마다 세수를 하고 샤워를 하는 것처럼, 날마다 우리 죄를 회개해야 합니다. 또한 우리가 죄를 지은 대상에게 용서를 빌어야 하고, 또한 우리에게 죄를 범한 사람을 용서해야 합니다. 그 길만이 우리의 삶을 풍성하게 살아가는 하나님의 원리입니다.

며칠 전에 심장을 점검하는 심전도 검사를 24시간 동안 하게 되었습니다. 몸에 기계를 부착하고 24시간 동안 심장의 박동 상태를 점검했습니다. 그래서 24시간 동안 샤워도 하지 못하고 머리도 감지 못했는데, 그것이 아주 불편했습니다. 머리에는 기름이 끼고 냄새가 나는 것 같아 향수를 바르기도 했습니다. 그러니 더 이상한 냄새가 나는 것 같았습니다. 그렇게 하루를 보내면서 스스로에게 질문해 보았습니다.

"나는 심장의 상태를 점검하는 것처럼, 내 마음의 상태를 점검하고 있는가? 나는 샤워를 하루만 하지 않아도 불편해 하면서 내 마음의 죄악을 회개하지 않은 채 너무 잘 살아가고 있는 것은 아닌가? 나의 머리와 손발이 깨끗한 것처럼 내 마음과 영혼도 깨끗한가?"

날마다 자신을 성찰하면서 그날그날 지은 죄를 예수님이 발을 씻겨 주신 것처럼 회개하도록 합시다. 또한 우리가 고백해야 할 잘못이 있으면 미루지 말고 고백합시다. 우리를 힘들게 한 사람들의 죄를 용서하는 것을 미루지 맙시다. 또한 용서에 인색하지 않도록 합시다. 우리가 하나님께 받은 그 큰 용서와 그 큰 사랑을 기억하면서 사람들의 죄를 용서합시다. 그때 우리 영혼은 자유를 만끽하게 되고, 기쁨으로 충만한 삶을 살게 됩니다.

용서를 통해 자신을 풀어놓아 자유케 하십시오

용서는 매인 것을 풀어 주는 것입니다. 빚을 탕감 받고 자유를 경험하는 것입니다. 마태복음 6장 12절에 나오는 죄는 헬라어 '오페일레마'opheilema의 복수형 '오페일레마타'opheilemata입니다. '오페일레마'는 상당히 광범위한 의미를 내포하고 있는 단어이지만, 공통적이고도 중심이 되는 의미는 뭔가 지불되고 갚아야 할 빚을 말합니다. 예수님도 죄를 빚으로 비유해서 말씀하셨고, 용서를 탕감이라는 단어를 사용하셔서 교훈하셨습니다.

우리는 빚이 주는 부담이 얼마나 큰지를 알고 있습니다. 미국에 오니까 크래디트credit를 쌓기 위해서는 크래디트 카드를 사용해야 한다는 말을 들었습니다. 그래서 크래디트 카드를 잘못 사용했다가 이자 때문에 고생한 적이 있습니다. 크래디트를 쌓는 것이 아니라 빚의 노예가 되어 사는 것을 배웠습니다. 그것은 결코 즐거운 배움이 아니었습니다.

우리는 가능한 빚을 지지 않아야 합니다. 저는 한때 원치 않은 큰 빚 때문에 고생한 적이 있습니다. 그 빚을 갚기 위해서는 평생 동안 갚아야 된다고 생각했습니다. 그런데 감사하게도 그 큰 빚 가운데 90퍼센트를 탕감 받고 3년에 걸쳐 남은 빚을 갚았습니다. 빚을 모두 갚았을 때, 저는 놀라운 해방감을 경험했습니다. 그런데 우리가 하나님께 지은 죄는 우리 일평생이 아니라 영원토록 갚을 수 없는 빚입니다. 오직 하나님의 은혜로 탕감을 받아야 합니다. 우리는 하나님의 은혜로 용서를 받았고, 결코 갚을 능력이 없는 큰 빚을 예수님의 십자가의 은혜로 한순간에 탕감 받았습니다.

빚의 종이 되었던 사람이 자유를 경험하는 것처럼 용서를 받고 용서를 베풀 때, 우리는 자유를 경험하게 됩니다. 예수님께서 부활하신 후에 제자들에게 주신 사명 중에 하나는 용서를 선포하는 사명이었습니다.

"너희가 누구의 죄든지 사하면 사하여질 것이요 누구의 죄든지 그대로 두면 그대로 있으리라 하시니라" 요 20:23.

이 말씀은 제자들이나 우리가 죄를 사할 수 있는 권세가 있다는 것이 아닙니다. 예수님의 용서를 선포함으로써 매인 것을 풀어 주라는 뜻입니다.

그가 제자들에게와 우리에게 위탁하신 것은 하나님에 의하여, 그리고 올바르게 용서의 말을 전함으로 죄 용서의 확신을 주는 능력과 특권이다. 예수께서 사도들과 그들의 계승자들에게 그들 가운데, 그리고 그들 스스로 죄를 용서할 권세를 실제로 전수하셨다는 증거는 없다. 마태복음 16장 19절과 18장 18절에서 복음을 선포하며 가르침으로 주어지는 "매고 푸는" 권세에 대해 나타나는데, 이것은 랍비적인 비유와 유사한 용법이다. 요단출판사 편집부, 「신약원어대해설 5권, 요한복음과 히브리서」, 요단출판사, 453쪽

우리는 용서를 받고 용서를 베풂으로 매인 것이 풀리는 것을 경험하게 됩니다. 많은 사람들이 과거에 지은 죄와 과거에 입은 상처 때문에 과거에 매여 있습니다. 오직 용서만이 매인 것으로부터 풀려나는 방법입니다. 용서가 선언되는 순간, 우리는 자유를 만끽하게 됩니다. 이제 하나님이 베푸신 용서를 받아들이십시오. 또한 용서하고 용서를 받으십시오. 그때 막혀 있던 기쁨의 샘이 터져 솟구쳐 올라올 것입니다. 죄책감과 두려움이 사라지고 평강과 희락이 임할 것입니다. 용서받은 확신만 있으면 수많은 사람들이 정신 질환에서 자유케 될 것입니다.

용서하지 않겠다는 것은 스스로 고통 속에 살겠다고 결정하는 것과 같습니다. 미움의 감옥, 증오심의 감옥에서 자유케 되는 길은 용서밖에 없습니다. 용서할 때 새롭게 됩니다. 용서할 때 집 떠난 당사자 돌아옵니다. 우리가 용서를 받고, 또한 베풀어야 하는 용서는 평생 반

복되어야 합니다.

　용서는 결코 쉬운 일이 아닙니다. 그런 까닭에 소중합니다. 용서는 모든 문을 열어 줍니다. 우리의 닫힌 마음을 열어 주고 관계의 문을 열어 줍니다. 인생의 문을 열어 줍니다. 우리의 무거운 죄짐은 오직 십자가 앞에 가져갈 때에 가벼워집니다. 하나님이 용서하시지 못할 죄인은 없습니다. 하나님이 용서하시지 못할 죄도 없습니다. 그렇다면 우리도 하나님처럼 용서해야 합니다. 하나님은 우리 죄를 용서하셨습니다. 우리 죄를 깊은 바다에 던지셨습니다.

> "주와 같은 신이 어디 있으리이까 주께서는 죄악과 그 기업에 남은 자의 허물을 사유하시며 인애를 기뻐하시므로 진노를 오래 품지 아니하시나이다 다시 우리를 불쌍히 여기셔서 우리의 죄악을 발로 밟으시고 우리의 모든 죄를 깊은 바다에 던지시리이다" 미 7:18-19.

　코리 텐 붐 여사는 이 깊은 바다 앞에 '낚시금지'라고 적혀 있는 팻말이 하나 세워져 있다고 했습니다. 하나님이 용서하신 죄, 하나님이 깊은 바다에 던지신 죄를 다시 낚시하지 마십시오. 하나님의 용서의 은총 안에 일평생 살아가십시오. 날마다 죄를 고백함으로 성화의 삶을 사시길 바랍니다.

| 시험에 들지 않기 위해 드리는 기도 |

주기도문은 유혹을
물리치는 기도입니다

Chapter 8

마 6:13
우리를 시험에 들게 하지 마시옵고 다만 악에서 구하시옵소서 (나라와 권세와 영광이 아버지께 영원히 있사옵나이다 아멘)

주기도문은
하나님의
마음입니다

◇◇◇◇◇
예수님은 현실을 직시하고 미래를 예비하는
기도를 드리도록 가르치십니다
◇◇◇◇◇

예수님의 영성은 현실에 뿌리를 박은 영성입니다. 또한 예수님의 영성은 미래를 준비하는 영성입니다. 영원한 세계를 준비하는 영성입니다. 예수님께서 시험에 들지 않도록 기도하라고 가르치신 까닭은, 시험에 드는 것이 아주 위험한 일임을 알고 계셨기 때문입니다.

"우리를 시험에 들게 하지 마시옵고 다만 악에서 구하시옵소서 (나라와 권세와 영광이 아버지께 영원히 있사옵나이다 아멘)"마 6:13.

이 기도는 우리를 위해 간구하라고 말씀하신 세 번째 청원에 해당합니다. 하지만 주제가 너무 광대해서 시험과 악의 문제를 두 번에 걸쳐 다루는 것이 좋을 것 같습니다. 먼저 시험에 관한 주제를 다루고, 그 다음에 악의 문제를 다루도록 하겠습니다. 마태복음 6장 13절에 나오는 '시험'이라는 단어를 먼저 이해한 후에 '시험'이라는 주제를 다루었으면 합니다. 마태복음 6장 13절에 나오는 '시험'이라는 헬라어는 '페이라스몬'으로 그 근원은 '페이라스모스'입니다. 이 단어는 문맥에 따라 '시련' 또는 '유혹'이라는 의미를 갖습니다. 한 단어가 문맥에 따라 두 가지로 번역될 수 있습니다. 야고보서 1장 2-4절에 나오는 '시험'이라는 단어는 문맥상으로 '시련'을 의미합니다.

> "내 형제들아 너희가 여러 가지 시험을 당하거든 온전히 기쁘게 여기라 이는 너희 믿음의 시련이 인내를 만들어 내는 줄 너희가 앎이라 인내를 온전히 이루라 이는 너희로 온전하고 구비하여 조금도 부족함이 없게 하려 함이라"약 1:2-4.

이 말씀에 나오는 시험은 우리에게 찾아오는 시련을 의미합니다. 이 시련은 하나님이 우리의 성숙을 위해 허락하신 것입니다. 시련이 찾아올 때, 우리가 해야 할 일은 견디는 것입니다. 견딤을 통해 인정을 받는 것입니다.

> "시험을 참는 자는 복이 있나니 이는 시련을 견디어 낸 자가 주께서 자기를 사랑하는 자들에게 약속하신 생명의 면류관을 얻을 것이기

때문이라"약 1:12.

반면에 야고보서 1장 13-14절에 나오는 시험은 '유혹'을 의미합니다. 유혹이란 죄에 빠뜨리기 위해 누군가를 꾀는 것입니다. 하나님은 유혹을 받으시는 분도 아니고, 어느 누구도 유혹하지 않으십니다.

"사람이 시험을 받을 때에 내가 하나님께 시험을 받는다 하지 말지니 하나님은 악에게 시험을 받지도 아니하시고 친히 아무도 시험하지 아니하시느니라"약 1:13.

유혹하는 자는 마귀이며 유혹의 뿌리는 인간의 욕심에 있습니다. 마귀는 우리를 유혹할 때, 그냥 유혹하는 것이 아니라 각 사람 안에 욕심과 인간의 기본적인 욕망을 따라 유혹합니다.

"오직 각 사람이 시험을 받는 것은 자기 욕심에 끌려 미혹됨이니 욕심이 잉태한즉 죄를 낳고 죄가 장성한즉 사망을 낳느니라"약 1:14-15.

예수님이 주기도문에서 "우리를 시험에 들게 하지 마시옵고"라고 가르치실 때에 '시험'은 문맥상 '유혹'임을 알 수 있습니다. 영어 성경은 '유혹'이라는 단어 'temptation'을 헬라어 '페이라스몬'으로 번역했습니다. 문맥을 살펴 잘 번역한 것입니다. 하지만 '시련'과 '유혹'이 때로는 밀접한 관계가 있음을 알아야 합니다. 우리가 유혹을 잘 극복하지 못할 때 '시련'이 찾아올 수도 있기 때문입니다. 또한 성경의 '시험'이라는 단어에서 한 가지 의미를 더 파악할 필요가 있습니다. 예를 들어, 하나님께서는 아브라함을 '시험'하시기 위해 이삭을 바치라고 말씀하셨습니다.

> "그 일 후에 하나님이 아브라함을 시험하시려고 그를 부르시되 아브라함아 하시니 그가 이르되 내가 여기 있나이다" 창 22:1.

　여기에 나오는 '시험'이라는 단어는 '테스트'라는 의미를 가지고 있습니다. 하나님이 아브라함의 신앙의 진정성을 점검하시기 위해 그의 신앙을 '테스트'하고 계십니다. 아브라함은 이삭을 바침으로 그 '테스트'를 잘 통과합니다. 시험에 합격합니다. 그래서 하나님이 그를 칭찬하시고, 그에게 큰 복을 허락해 주십니다.
　'시험'이라는 단어는 문맥상으로 시련, 유혹, 그리고 테스트라는 뜻을 가지고 있기에 문맥을 잘 살펴 그 의미를 찾아내야 합니다. 사실 이 세 가지는 엄격하게 살펴보면 서로 연결되어 있음을 알 수 있습니다. 유혹을 잘 극복하지 못할 때, 시련에 빠지게 되고 자신의 신앙이나 성품을 입증하는데 실패하게 됩니다. 그렇다면 예수님께서는 왜 우리에게 유혹에 빠지지 않도록 간구하라고 하셨을까요?

1. 누구든지 유혹을 받을 수 있기 때문에 시험에 들지 않도록 기도해야 합니다

예수님께서 '우리'라는 단어를 사용하실 때는 모든 사람을 의미합니다. 우리 각 사람은 날마다 유혹에 빠지지 않도록 기도해야 합니다. 나만은 예외일 것이라는 생각을 해서는 안 됩니다. 유혹과 고난 앞에 예외인 사람은 없습니다. 죄 없으신 분은 한 분 예수님뿐이십니다. 하지만 유혹과 고난을 경험하지 않은 사람은 없습니다. 예수님도 유혹을 받으셨고 고난을 통과하셨습니다.

마태복음 4장에 예수님이 마귀에게 시험을 받으시는 내용이 나옵니다. 그것도 성령님께 이끌리어 광야로 가서 마귀에게 시험을 받으셨습니다. 마귀가 성령 충만하신 예수님을, 그리고 40일을 금식하며 기도하신 예수님을 찾아와서 시험했다면, 마귀가 우리 같은 보통 사람에게 찾아와서 시험에 빠뜨리는 것은 어려운 일이 아닐 것입니다.

> "그 때에 예수께서 성령에게 이끌리어 마귀에게 시험을 받으러 광야로 가사 사십 일을 밤낮으로 금식하신 후에 주리신지라 시험하는 자가 예수께 나아와서 이르되 네가 만일 하나님의 아들이어든 명하여 이 돌들로 떡덩이가 되게 하라" 마 4:1-3.

여기서 우리는 시험하는 자가 있음을 알게 됩니다. 시험하는 자는 마귀입니다. 마귀가 하는 일은 죄를 범하도록 시험하는 것입니다. 즉, 유혹하는 것입니다. 마귀는 유혹할 때에 뿔이 달린 무서운 모습으로 찾아오는 것이 아닙니다. 당장 모든 것을 빼앗아 갈 것처럼 무서운 모습으로 찾아오는 것이 아닙니다. 아마도 그러면 마귀를 쉽게 분별하고 물리칠 수 있을 것입니다. 하지만 마귀는 그런 모습으로 예수님을 유혹하지 않았고 우리를 유혹하지도 않습니다. 마귀는 광명한 천사처럼 변장하고 와서 우리를 유혹합니다.

"이것은 이상한 일이 아니니라 사탄도 자기를 광명의 천사로 가장 하나니"고후 11:14.

마귀는 인간의 욕망을 따라 유혹합니다. 예수님이 주리셨을 때, 돌로 떡을 만들라고 유혹했습니다. 먹는 것으로 유혹했습니다. 예수님께 찾아왔던 마귀는 하와에게 찾아왔던 옛 뱀과 같았습니다. 뱀은 놀라운 약속과 함께 하와를 유혹했습니다. 그것도 하나님의 말씀을 조금 인용해가면서, 하나님의 이름을 빙자해서 유혹했습니다. 하와의 호기심을 유발시켰고, 먹는 것을 가지고 유혹했습니다.

"그런데 뱀은 여호와 하나님이 지으신 들짐승 중에 가장 간교하니라 뱀이 여자에게 물어 이르되 하나님이 참으로 너희에게 동산 모든 나무의 열매를 먹지 말라 하시더냐"창 3:1.

하와가 뱀의 질문에 대답합니다.

"여자가 뱀에게 말하되 동산 나무의 열매를 우리가 먹을 수 있으나 동산 중앙에 있는 나무의 열매는 하나님의 말씀에 너희는 먹지도 말고 만지지도 말라 너희가 죽을까 하노라 하셨느니라"창 3:2-3.

하와의 반응에 뱀이 놀랍게 반응하면서 그녀를 유혹합니다. 확신을 심어 주면서 유혹합니다. 하와의 욕심을 따라 유혹합니다.

"뱀이 여자에게 이르되 너희가 결코 죽지 아니하리라 너희가 그것을 먹는 날에는 너희 눈이 밝아져 하나님과 같이 되어 선악을 알 줄 하나님이 아심이니라"창 3:4-5.

뱀은 하나님의 말씀을 왜곡시킵니다. 동시에 하와의 교만을 부추깁니다. 선악과를 따먹으면 하나님과 같이 될 것이라고 유혹합니다. 눈이 밝아질 것이라고 말합니다. 얼마나 달콤한 유혹입니까? 뱀은 금지된 선악과를 먹으면 결코 죽지 않을 뿐 아니라 하나님처럼 되고 눈이 밝아져 아주 지혜롭게 될 것이라고 말합니다. 하와는 이 유혹에 빠져들고 맙니다.

"여자가 그 나무를 본즉 먹음직도 하고 보암직도 하고 지혜롭게 할 만큼 탐스럽기도 한 나무인지라 여자가 그 열매를 따먹고 자기와 함께 있는 남편에게도 주매 그도 먹은지라"창 3:6.

유혹에 빠져들어가는 사람의 특징은 꼭 공범을 만든다는 것입니다. 하와는 아담에게 그 열매를 주었습니다. 뱀은 그들을 교만하게 만들었습니다. 불순종하게 만들었습니다. 그런데 뱀이 사용했던 것은 하나님의 말씀이었습니다. 이것이 무서운 것입니다. 예수님을 찾아왔던 마귀가 사용했던 것도 하나님의 말씀이었습니다. 그것도 마치 예수님을 돕기 위해 제안하는 것처럼 유혹했습니다. 아담과 하와에게 사용했던 수법을 똑같이 사용했습니다. 사도 요한은 인간이 빠져들 수 있는 유혹을 세 가지로 압축했습니다. 그것은 육신의 정욕과 안목의 정욕과 이생의 자랑입니다.

> "이는 세상에 있는 모든 것이 육신의 정욕과 안목의 정욕과 이생의 자랑이니 다 아버지께로부터 온 것이 아니요 세상으로부터 온 것이라"요일 2:16.

뱀은 아담과 하와를 유혹할 때, 육신의 정욕을 가지고 유혹했습니다. 즉, 먹는 것으로 유혹했습니다. 그리고 안목의 정욕을 가지고 유혹했습니다. 즉, 눈이 밝아질 것이라고 했습니다. 또한 그들이 선악과를 본즉 먹음직도 하고 보암직도 했습니다. 우리는 보는 것이나 보여 주려고 하는 것을 통해 유혹을 받습니다. 또한 이생의 자랑으로 유혹했습니다. 유혹자가 마지막 아담이신 예수님께 찾아왔을 때 사용했던 간계가 바로 이와 같았습니다. 예수님을 유혹할 때 먹는 것으로 유혹했습니다. 성전 꼭대기에서 뛰어내려 슈퍼맨이 되는 것을 보여 주어 박수를 받으라고 했습니다.

"이에 마귀가 예수를 거룩한 성으로 데려다가 성전 꼭대기에 세우고 이르되 네가 만일 하나님의 아들이어든 뛰어내리라 기록되었으되 그가 너를 위하여 그의 사자들을 명하시리니 그들이 손으로 너를 받들어 발이 돌에 부딪치지 않게 하리로다 하였느니라"마 4:5-6.

마귀가 마지막으로 예수님을 유혹한 것이 이생의 자랑입니다. 마귀는 예수님께 이 세상의 천하만국과 그 영광을 보여 주었습니다. 그러고는 자신에게 엎드려 경배하면 그 모든 것을 당장 주겠다고 했습니다.

"마귀가 또 그를 데리고 지극히 높은 산으로 가서 천하만국과 그 영광을 보여 이르되 만일 내게 엎드려 경배하면 이 모든 것을 네게 주리라"마 4:8-9.

마귀는 천국 백성인 우리를 유혹할 때, 이 세상의 자랑을 가지고 유혹합니다. 우리는 이 세상의 자랑에 약합니다. 마귀는 여자와 남자를 잘 압니다. 여자는 청각이 발달해 있습니다. 그러므로 청각을 통해 유혹을 많이 받습니다. 또한 외모에 관심이 많고 그 외모를 다른 사람에게 보여 주는 데 관심이 많습니다. 그래서 외모 때문에 유혹을 받습니다. 반면에 남자는 시각이 발달해 있습니다. 보는 것으로 유혹을 받습니다. 그래서 마귀가 예수님께 와서 자꾸 보여 줍니다. 물론 여자도 보는 것을 통해 유혹을 받지만 그 정도가 남자보다는 약합니다. 남자는 이 세상의 부요와 명예, 영광에 관심이 많습니다. 또한 남자는 성적인 것에 유혹을 받습니다. 그래서 남자들이 포르노에 쉽게 빠집니다.

　인간은 모두 쉬운 길에 유혹을 받습니다. 고난의 길이나 절차와 과정을 밟지 않고 조급하게 무엇인가를 성취하려는 데 쉽게 유혹을 받습니다. 잘못된 호기심에 유혹을 받습니다. 못하게 하는 것, 금한 것에 더욱 유혹을 받습니다. 마귀는 미끼를 주는 동안에 최선을 다해 섬깁니다. 하지만 일단 미끼를 먹으면 그때는 노예로 삼습니다. 일단 자신의 노예가 되면 더 이상 미끼를 주지 않습니다. 낚시꾼이 물고기를 잡은 후에는 그 물고기에게 미끼를 더 이상 주지 않는 것과 같습니다.

　우리는 육신의 정욕과 안목의 정욕과 이생의 자랑을 통해 유혹에 빠져드는 것을 압니다. 뱀은 같은 주제와 같은 수법으로 지금도 우리를 유혹하고 있습니다. 인류 역사는 사람들만 바뀌어 왔지 유혹은 여전히 같은 주제와 같은 수법으로 찾아옵니다. 다만 유혹이 반복되면서 유혹하는 자가 더욱 간교해졌고, 더욱 교묘하게 하나님의 말씀을 왜곡시키고 있습니다.

2. 유혹의 결과가 비참하기 때문에 시험에 들지 않도록 기도해야 합니다

예수님께서 "우리를 시험에 들게 하지 마시옵고"라고 기도하게 하신 이유는 유혹의 결과가 무섭기 때문입니다. 아담과 하와가 유혹에 빠져든 결과는 비참했습니다. 그토록 풍성했던 그들의 삶은 황폐해졌습니다. 하나 되었던 부부가 서로를 탓하게 되었습니다. 저주와 심판이 임하게 되었습니다. 하나님과 멀어지게 되었습니다. 하나님의 눈을 피해 숨어 살게 되었습니다. 마침내 에덴동산에서 쫓겨나게 되었습니다.

뱀의 유혹에 빠져 범죄한 아담과 하와의 죄는 두 사람뿐만 아니라 그 후손에게도 엄청난 영향을 끼쳤습니다. 이것이 유혹의 결과이며 죄의 영향력입니다. 사도 바울은 아담의 범죄가 전 인류에 끼친 영향에 대해 다음과 같이 기록하고 있습니다.

> "그러므로 한 사람으로 말미암아 죄가 세상에 들어오고 죄로 말미암아 사망이 들어왔나니 이와 같이 모든 사람이 죄를 지었으므로 사망이 모든 사람에게 이르렀느니라"롬 5:12.

한 사람 아담의 범죄 때문에 사망이 들어왔고, 모든 사람이 죄를 지은 바 되었고, 사망이 모든 사람에게 이르렀다고 말씀합니다. 반면에 예수님은 마귀의 시험을 이기셨습니다. 마귀의 유혹을 이기셨습니다. 그 결과 예수님을 믿는 사람에게 영생이 임하게 되었습니다. 치유와 회복의 길이 열리게 되었습니다. 생명을 누리되 풍성히 누릴 수 있는 길이 열리게 되었습니다. 바울은 첫 번째 아담과 마지막 아담이신 예수님을 다음과 같이 비교해서 기록하고 있습니다.

"그러나 아담으로부터 모세까지 아담의 범죄와 같은 죄를 짓지 아니한 자들까지도 사망이 왕 노릇 하였나니 아담은 오실 자의 모형이라 그러나 이 은사는 그 범죄와 같지 아니하니 곧 한 사람의 범죄를 인하여 많은 사람이 죽었은즉 더욱 하나님의 은혜와 또한 한 사람 예수 그리스도의 은혜로 말미암은 선물은 많은 사람에게 넘쳤느니라"롬 5:14-15.

"한 사람이 순종하지 아니함으로 많은 사람이 죄인 된 것 같이 한 사람이 순종하심으로 많은 사람이 의인이 되리라"롬 5:19.

우리는 기도할 때, 유혹을 감지하여 달콤한 유혹이 기회가 아님을 분별할 수 있습니다. 또한 유혹의 미끼를 거절할 수 있습니다. 유혹의 결과를 미리 볼 수 있게 되어 유혹을 물리칠 수 있습니다. 그래서 마귀는 유혹할 때 우리의 생각을 먼저 공격해 쾌락에 눈이 어두워지게 만듭니다. 또한 유혹의 결과를 보지 못하게 만듭니다.

고든 맥도날드 목사는 한때 유혹에 빠져 엄청난 충격을 경험했습니다. 그는 고통스런 회개와 충분한 회복의 과정을 거친 후에 「무너진 세계를 재건하라」는 책을 썼습니다. 이 책에서 그는 유혹에 빠져든 한 사람의 죄가 혼자만의 피해로 끝나지 않고 수많은 사람들에게 피해를 준다고 말합니다. 그 예로 소련의 체르노빌 핵 발전소의 예를 들었습니다.

> 소련의 체르노빌 핵발전소가 터졌을 때, 그 공장의 관리자들만 고통 받은 것이 아니다. 그 근처에 살고 있는 몇 천 명의 사람들이 집을 잃고, 확산되는 방사능 때문에 수백만이 먹을 식량 공급이 심각한 영향을 받았다. 그것처럼, 무너진 세계라는 것은 잘못을 저지른 사람 혼자만의 피해로 끝나는 것이 아니다. 발전소가 터질 때 주위의 몇 천 명이 쏟아지는 낙진으로 피해를 입었듯, 무너진 세계의 여파로 수십 명의 정직한 사람들이 피해를 당하게 된다. 하나님 보시기에 좋지 않은 행동을 저지를 때 많은 손실이 뒤따르며, 그 손실은 주위 사람들에게 순식간에 퍼지고 심지어는 몇 대를 내려가며 계속될 수도 있는 것이다. 고든 맥도날드, 「무너진 세계를 재건하라」, 하늘 사다리, 15쪽

우리가 잘못하여 유혹에 빠져 죄를 짓게 될 때, 그 파장은 우리 자신은 물론 가족과 우리를 사랑하는 수많은 사람들에게까지 미치게 됩니다. 우리는 한순간의 실수가, 한순간의 잘못된 선택이 무서운 결과를 낳게 된다는 사실을 명심해야 합니다.

3. 예수님을 통해 유혹을 물리칠 수 있는 지혜를 배워야 합니다

첫 번째 아담은 뱀의 유혹에 넘어갔습니다. 반면에 마지막 아담이신 예수님은 마귀의 시험을 물리치셨습니다. 우리는 예수님께서 어떻게 마귀의 유혹을 물리치셨는지를 배워야 합니다.

1) 예수님은 기도를 통해 깨어 있으심으로써 유혹을 물리치셨습니다

예수님은 기도를 통해 유혹을 분별할 수 있는 지혜와 유혹을 물리칠 수 있는 능력을 받으셨습니다. 유혹을 극복하기 위해서는 지혜와 능력이 함께 필요합니다. 예수님은 십자가를 지시기 전에 겟세마네 동산에서 기도하실 때, 제자들에게 시험에 들지 않게 깨어 기도할 것을 부탁하셨습니다.

> "시험에 들지 않게 깨어 기도하라 마음에는 원이로되 육신이 약하도다 하시고"마 26:41.

예수님은 새벽에 기도하셨습니다. 중요한 일을 앞두고 기도하셨습니다. 예수님은 육의 힘을 의지하지 않으셨고, 기도를 통해 성령님의 능력을 구하셨습니다. 우리가 항상 깨어 있는 길은 쉬지 않고 기도하는 길밖에 없습니다. 기도를 쉴 때 마귀가 틈타게 됩니다. 마귀는 우리를 멸망시킬 온갖 방법을 늘 찾고 있습니다. 그래서 우리는 깨어 기도해야 합니다.

"사탄은 잠도 자지 않고 우리를 멸망시킬 온갖 방법을 찾고 있다는 사실을 명심하라." 안젤라 메리치

2) 예수님은 마귀의 음성보다 하나님의 음성을 먼저 들으심으로써 유혹을 물리치셨습니다

마태복음 4장에 예수님이 마귀에게 시험을 받으신 사건이 기록되어 있습니다. 예수님은 마귀의 시험을 넉넉히 이기셨습니다. 그 비밀이 마태복음 3장에 나와 있습니다. 마태복음 3장에서 예수님이 세례 요한에게 세례를 받으실 때에 성령님이 임하셨습니다. 그리고 하나님의 음성이 하늘로부터 임했습니다.

"예수께서 세례를 받으시고 곧 물에서 올라오실새 하늘이 열리고 하나님의 성령이 비둘기 같이 내려 자기 위에 임하심을 보시더니 하늘로부터 소리가 있어 말씀하시되 이는 내 사랑하는 아들이요 내 기뻐하는 자라 하시니라" 마 3:16-17.

예수님이 하늘로부터 들은 음성은 무엇이었습니까? 그것은 예수님의 정체성에 관한 것이었습니다. 바로 하나님의 사랑하는 아들이요 하나님의 기뻐하는 자라는 음성이었습니다. 왜 이 음성이 중요할까요? 자신과 하나님과의 관계를 아는 사람, 사신이 하나님의 자녀라는 분명한 자기 인식이 있는 사람만이 마귀의 유혹을 물리칠 수 있기 때

문입니다. 마귀가 예수님을 유혹할 때 흔들었던 것은 예수님의 정체성이었습니다. 마귀가 반복해서 쓴 표현을 숙고해 보십시오.

"네가 만일 하나님의 아들이어든"마 4:3,6.

마귀는 우리의 정체성에 혼란을 줍니다. 뱀은 하와를 유혹할 때 "네가 하나님처럼 되리라"고 유혹했습니다. 아담은 사람입니다. 하와도 사람입니다. 그런데 하나님처럼 될 것이라고 유혹해서 그들이 유혹에 넘어갔습니다. 우리는 하나님이 아닙니다. 그렇다고 마귀의 자녀도 아닙니다. 우리는 하나님의 자녀입니다. 하나님이 사랑하시고 기뻐하시는 자녀입니다. 하나님은 우리의 아버지이십니다. 하나님 아버지가 우리에게 필요한 것을 공급해 주십니다. 우리를 키워 주십니다. 우리를 보호해 주십니다.

하나님의 음성보다 마귀의 음성을 먼저 들으면 시험에 들게 됩니다. 하나님의 말씀을 듣기보다 마귀의 말을 먼저 들으면 시험에 들게 됩니다.

"우리가 마귀 앞에 쓰러져 공격을 당하는 이유는 하나님의 말씀을 듣지 않고 마귀의 말에 귀를 기울이기 때문이다." 마틴 로이드 존스

3) 예수님은 성경 말씀을 암송하심으로써 유혹을 물리치셨습니다

예수님께서 마귀를 물리치실 때 사용하신 영적 무기는 하나님의 말씀이었습니다. 놀라운 사실은 마귀가 예수님을 유혹할 때 두 번이나 성경을 인용했다는 점입니다. 마귀가 하나님의 말씀을 인용한 것은 예수님을 유혹하기 위해서였습니다. 그러므로 우리는 성경을 많이 알고 있거나 많이 인용하고 있다는 것 때문에 무조건 따라가서는 안 됩니다. 하나님의 말씀을 무슨 의도로 사용하고 있는가를 분별할 줄 알아야 합니다. 예수님은 마귀의 시험을 받으실 때 거듭 말씀으로 물리치셨습니다.

> "예수께서 대답하여 이르시되 기록되었으되 사람이 떡으로만 살 것이 아니요 하나님의 입으로부터 나오는 모든 말씀으로 살 것이라 하였느니라 하시니"마 4:4.
>
> "예수께서 이르시되 또 기록되었으되 주 너의 하나님을 시험하지 말라 하였느니라 하시니"마 4:7.
>
> "이에 예수께서 말씀하시되 사탄아 물러가라 기록되었으되 주 너의 하나님께 경배하고 다만 그를 섬기라 하였느니라"마 4:10.

하나님의 말씀을 암송하는 것이 왜 중요할까요? 성경 암송을 통해 우리의 지성이 개발되기 때문입니다. 생각하는 훈련을 하게 되기 때문입니다. 마귀는 우리를 시험할 때 우리의 생각을 통해 시험합니다. 생각과 잘못된 상상력을 통해 유혹합니다. 유혹을 받을 때 먼저는 생각 속에서 유혹을 받게 되고, 그것이 결국 행동으로 옮겨지게 됩니다. 행동 이전에 생각이 있습니다. 그러므로 생각을 잘 다스려야 합니다. 생각 속에서 벌어지고 있는 것이 무엇인지를 잘 분별해야 합니다.

"영적 전쟁에서 이기고 지는 것은 언제나 생각 속에서 벌어지는 일이다." 프란시스 쉐퍼

생각을 잘 훈련하고 생각의 근육을 키우는 데 가장 도움이 되는 것이 성경 암송입니다. 하나님의 말씀을 암송할 때는 정확하게 암송하도록 하십시오. 뱀은 하와를 유혹할 때 하나님의 말씀을 왜곡시켰습니다. 만약 하와가 아담을 통해 받은 하나님의 말씀을 정확히 암송하고 있었다면 뱀의 유혹을 알아차렸을 것입니다.

에베소서 6장에 보면 마귀를 대적하기 위해 우리가 입어야 할 하나님의 전신갑주에 대해 가르쳐 줍니다. 그리고 성령의 검을 가지라고 말합니다. 성령의 검은 바로 하나님의 말씀입니다.

"구원의 투구와 성령의 검 곧 하나님의 말씀을 가지라" 엡 6:17.

오직 말씀의 검만이 마음의 생각과 뜻을 판단할 수 있습니다.

"하나님의 말씀은 살아 있고 활력이 있어 좌우에 날선 어떤 검보다도 예리하여 혼과 영과 및 관절과 골수를 찔러 쪼개기까지 하며 또 마음의 생각과 뜻을 판단하나니"히 4:12.

예수님은 마귀의 시험을 하나님의 말씀으로 물리치셨습니다. 또한 십자가를 지실 때도 성경 암송을 하시면서 그 고통을 이겨내셨습니다. 영적인 승리의 비결은 기본에 충실하는 것입니다. 기본 중에 기본은 성경 암송입니다. 우리는 결코 하나님의 말씀을 떠나 승리할 수 없습니다. 마귀는 어떻게 해서든 우리 안에 말씀이 거하지 못하게 만듭니다. 말씀 없이도 살 수 있다고 유혹합니다.

"속임수, 악마의 거짓말은 이런 것들로 이루어져 있다. 즉, 악마는 인간으로 하여금 하나님의 말씀 없이 살 수 있다고 믿게 만들고 싶어 한다." 디트리히 본회퍼

4) 예수님은 조급함과 교만을 물리치심으로써 유혹을 물리치셨습니다

마귀는 조급함을 부추겨서 유혹했습니다. 돌로 떡을 만들어 먹으라고 했습니다. 성전 꼭대기에서 뛰어내려 한순간에 슈퍼스타가 되라고 했습니다. 자신에게 한 번 경배함으로 천하 영광을 누리라고 했습니다.

우리는 조급함을 적으로 삼아야 합니다. 더 빨리 더 많이 성장하려

는 유혹을 물리쳐야 합니다. 빨리 성장해서는 절대로 안 되는 것이 있습니다. 빨리 성장해서는 안 될 것이 빨리 성장하면 반드시 문제가 생깁니다. 그런데 요즘 다들 속도에 미쳐 있는 것 같습니다. 그러나 속도보다 중요한 것은 방향입니다.

마귀는 예수님께 속히 스타가 되어 모든 사람에게 자신을 드러내라고 유혹했습니다. 하지만 예수님은 자신을 늘 감추셨습니다. 필요할 때마다 은밀히 홀로 계시는 것을 좋아하셨습니다.

우리가 살고 있는 시대는 투명사회입니다. 사람들은 투명해야만 부패가 없어질 것이라고 주장합니다. 투명한 것이야말로 민주주의요 자유라고 주장합니다. 그런 주장과 함께 전산화와 CCTV를 통해 모든 것을 투명하게 만들어 가고 있습니다. 우리는 지금 어디를 가도 쉽게 노출이 됩니다.

사람들은 인터넷에서 모든 것을 다 밝히라고 외쳐 댑니다. 투명한 것만이 옳은 것이라고 주장합니다. 투명해야 모든 것을 신속하게 처리할 수 있다고 말합니다. 투명성을 강조하는 것은 아주 좋아 보이지만 실상은 그렇지 않습니다. 사람들은 투명성만을 강조하는 것이 얼마나 위험한 일인가를 알지 못하는 것 같습니다. 독일에서 활동하고 있는 철학자 가운데 한병철 씨가 있습니다. 그가 독일어로 쓴 책이 「투명사회」라는 제목으로 번역이 되었습니다. 그는 투명성의 위험에 대해 다음과 같이 기록하고 있습니다.

> 투명성을 부패와 정보의 자유라는 관점에서만 보는 사람은 그 영향력을 제대로 파악하지 못한다. 투명성은 모든 사회적 과정을 장악하여 근원적인 변화의 물결 속에 끌어들이는 시스템적 강제력이다. 오늘날 사회 시스템은 모든 사회적 과정을 조작 가능하고 신속하게 만들기 위해서 투명성을 강조한다. _{한병철, 「투명사회」, 문학과 지성사, 14-15쪽}

투명성을 주장하는 사람들이 만들어 낸 것이 획일화입니다. 모든 것을 평준화하려는 것입니다. 한병철 씨는 이것은 멋있는 슬로건 같지만 우리의 영혼을 흔들어 놓는 폭력이라고 말합니다. 그는 인간의 영혼은 혼자 있을 수 있는 은밀한 공간을 필요로 한다고 강조합니다.

> 인간의 영혼은 분명 타자의 시선은 받지 않은 채 자기 혼자 있을 수 있는 공간을 필요로 한다. 불투과성은 영혼의 본질에 속한다. 영혼의 내부를 환히 비춘다면, 영혼은 불타버릴 것이며 특별한 종류의 소진 상태에 빠지고 말 것이다. 오직 기계만이 투명하다. _{한병철, 같은 책, 16쪽}

투명성은 아주 좋아 보이지만 마귀가 만들어 낸 또 하나의 무서운 도구입니다. 그것은 우리를 한순간에 몰락시키려는 수법입니다. 지금 빠른 속도로 움직이는 컴퓨터를 보십시오. 모든 것이 컴퓨터로 조작되는 전기와 전자제품을 보십시오. 투명하고 획일화 된 것들이 잘못 되면 한순간에 모든 것이 멈추게 됩니다. 물론 투명성도 필요하지만 모든 것을 다 드러내야 한다는 생각을 하지는 마십시오. 모든 것을 다 드러낸 것이 포르노입니다. 사랑의 진정한 과정, 기다림과 절제와 헌신을 무시한 채, 한순간에 모든 것을 다 드러낸 포르노는 인간의 진정한 사랑을 파괴하는 것입니다.

마귀가 아담과 하와를 부추긴 것은 교만이었습니다. 하나님처럼 되라는 것이었습니다. 마귀는 예수님을 유혹할 때도 같은 방법을 썼습니다. 성전 꼭대기와 높은 산에 데리고 올라갔습니다. 하지만 예수님은 자신을 낮추셨습니다. 예수님은 겸손으로 교만을 물리치셨습니다. 하나님이 만든 모든 만물은 있어야 할 곳에 있을 때, 가장 아름답습니다.

호박은 땅에 있어야 합니다. 호박 넝쿨이 전신주를 타고 올라가 공중에서 호박이 자라면 위험합니다. 하나님은 큰 호박은 땅에서 자라게 만드셨습니다. 그런데 호박이 높은 곳이 좋다고 공중에 매달려 있으면 그 아래를 지나는 사람마다 위태롭게 됩니다. 전신주에 매달려 있는 호박은 누군가에 의해 곧 떨어지게 되어 있습니다. 낮은 곳에 임한 호박은 안전하지만 높은 곳에 올라선 호박은 불안에 떨게 됩니다. 김교복 시인이 쓴 시를 소개합니다.

생각 없이 가는 길이

얼마나 무서운가를

호박 넝쿨로부터 배운다

쉬운 길 간다고

전봇대 철사 줄 잡고

올라간 호박 넝쿨

반달만큼 큰 호박 하나 달고

지금 떨고 있다

바람이 불까

소나비 내릴까

<small>김교복, "호박으로부터 배운다"</small>

5) 예수님은 어떤 상황에서도 방심하지 않으심으로써 유혹을 물리치셨습니다

방심처럼 위험한 것은 없을 것입니다. 교만이 위험한 것은 교만할 때 방심하기 때문입니다. 사람은 자신이 잘되면 자기 힘, 자기 경험을 믿으려고 합니다. 그때 마귀가 틈을 탑니다. 사람들은 오병이어의 기적을 경험한 후에 예수님을 왕으로 삼으려고 했습니다. 그때 예수님은 사람들의 인기를 물리치시고 혼자 산으로 올라가셨습니다.

"그러므로 예수께서 그들이 와서 자기를 억지로 붙들어 임금으로

삼으려는 줄 아시고 다시 혼자 산으로 떠나 가시니라"요 6:15.

이 말씀에서 주의해야 할 단어가 '다시'라는 단어입니다. 예수님은 다시 혼자 산으로 떠나가셨습니다. 우리는 이 말씀에서 예수님께서 자주 혼자 산으로 떠나가셨다는 사실을 알 수 있습니다. 그렇다면 예수님은 산에 올라가셔서 무엇을 하셨을까요? 마태복음에 보면 예수님이 오병이어의 기적을 일으키신 후에 산에 올라가 기도하셨다고 기록되어 있습니다.

"무리를 보내신 후에 기도하러 따로 산에 올라가시니라 저물매 거기 혼자 계시더니"마 14:23.

가장 위험한 것이 과신입니다. 자신은 결코 시험에 들지 않을 것이라고 과신하는 것은 아주 위험한 것입니다. 예수님은 십자가를 지시기 전에 베드로가 시험에 들지 않도록 기도하셨습니다. 그에게 사탄이 너를 쓰러뜨리기 위해 노리고 있다고 알려 주셨습니다.

시몬아, 시몬아, 보라 사탄이 너희를 밀 까부르듯 하려고 요구하였으나 그러나 내가 너를 위하여 네 믿음이 떨어지지 않기를 기도하였노니 너는 돌이킨 후에 네 형제를 굳게 하라"눅 22:31-32.

예수님은 베드로가 사탄의 유혹 앞에서 방심하지 않도록 준비시켜 주셨습니다. 그런데 베드로는 자신을 과신했습니다. 그 결과 예수님을 세 번 부인하게 되었습니다.

"그가 말하되 주여 내가 주와 함께 옥에도, 죽는 데에도 가기를 각오하였나이다 이르시되 베드로야 내가 네게 말하노니 오늘 닭 울기 전에 네가 세 번 나를 모른다고 부인하리라 하시니라"눅 22:33-34.

과신을 경계하십시오. 사도 바울은 선 줄로 생각하는 사람에게 오히려 조심하라고 권면합니다.

"그런즉 선 줄로 생각하는 자는 넘어질까 조심하라"고전 10:12.

오스왈드 챔버스도 우리에게 약함이 아니라 오히려 강함을 경계하라고 권면합니다.

"성경 안의 인물들이 약할 때 넘어지는 것이 아니라 강할 때 넘어진다. 경솔하게 사용되는 힘은 이중의 약점이다."오스왈드 챔버스

자신의 약함을 아는 사람은 방심하지 않습니다. 하나님께 늘 기도하는 가운데 그분의 도우심을 구하게 됩니다. 반면에 스스로 믿음이

강하다고 생각하는 사람은 기도가 약해지기 때문에 시험 앞에 쓰러지게 됩니다.

항상 깨어 기도함으로 유혹을 물리치십시오

누가복음에 보면 예수님이 마귀의 시험을 모두 물리치셨을 때에 마귀가 떠나갔습니다. 그런데 누가는 마귀가 얼마 동안 떠나갔다고 기록하고 있습니다.

"마귀가 모든 시험을 다 한 후에 얼마 동안 떠나니라" 눅 4:13.

한 번 유혹을 극복했다고 해서 끝난 것이 아닙니다. 마귀는 계속해서 우는 사자 같이 찾아옵니다. 베드로는 사탄의 유혹에 넘어진 후에 늘 깨어 있는 삶을 살았습니다. 그는 사랑하는 성도들에게 늘 깨어 있을 것을 권면했습니다.

"근신하라 깨어라 너희 대적 마귀가 우는 사자 같이 두루 다니며 삼킬 자를 찾나니 너희는 믿음을 굳건하게 하여 그를 대적하라 이는 세상에 있는 너희 형제들도 동일한 고난을 당하는 줄을 앎이라"벧전 5:8-9.

마귀의 시험에 빠져들지 않기 위해서는 날마다 우리의 연약함을 인정하고, 주님께 시험에 들지 않도록 도와 달라고 기도해야 합니다. 기도하며 하나님을 의지해야 합니다엡 6:18. 우리가 의지해야 할 분은 오직 하나님뿐이십니다.

"우리가 의지해야 할 것은 하나님의 갑옷이 아니라 그 갑옷의 주인이신 하나님이다. 우리가 가진 모든 무기는 하나님을 통해서만 강력한 힘을 발휘하기 때문이다." 윌리엄 거널

시험에 들지 않게 해달라고 날마다 기도합시다. 우리 자신을 의지하지 말고 오직 하나님만을 의지합시다. 아담과 하와의 오류를 반복하지 말고, 예수님의 모범과 가르침을 따라갑시다.

유혹을 극복함으로 풍성한 삶을 누리고 하나님께서 맡기신 사명을 완수해나가길 바랍니다.

| 악에서 구해 주시도록 드리는 기도 |

Chapter 9

주기도문은 선으로 악을 이기는 기도입니다

마 6:13
우리를 시험에 들게 하지 마시옵고 다만 악에서 구하시옵소서 (나라와 권세와 영광이 아버지께 영원히 있사옵나이다 아멘)

주기도문은
하나님의
마음입니다

주기도문은 단순하지만 깊이 있는 기도입니다

주기도문은 간단하지만 그 주제만큼은 아주 선명합니다. 주기도문의 깊이는 하나님의 깊이와도 같습니다. 주기도문의 높이는 하나님의 높이와도 같습니다. 그런 까닭에 우리는 주기도문을 연구해야 합니다.

주기도문의 전반부는 하나님을 향한 세 가지 청원이고, 후반부는 우리를 위한 세 가지 청원입니다. 마지막 청원기도가 마태복음 6장 13절의 기도입니다.

"우리를 시험에 들게 하지 마시옵고 다만 악에서 구하시옵소서 (나라와 권세와 영광이 아버지께 영원히 있사옵나이다 아멘)"마 6:13.

마지막 청원기도는 그 주제가 광대하여 지금 우리는 두 번으로 나누어서 알아보고 있습니다. 첫 번째 파트는 "우리를 시험에 들게 하지 마시옵고"이고, 두 번째 파트는 "다만 악에서 구하시옵소서"입니다. 이 둘은 함께 연결되어 있습니다. 첫 번째 파트에 나오는 '시험'이라는 단어의 뜻은 유혹입니다. 우리는 죄를 짓게 만드는 유혹에 빠지지 않게 해달라고 기도해야 합니다. 두 번째 파트에 나오는 악은 유혹과 밀접한 관련이 있습니다. 여기서 악은 '악한 자'와 밀접한 관계가 있습니다. '악한 자'에게서 '악'이 나옵니다. 성경은 악이 있다는 사실과 사람들 가운데 악인이 있다는 사실을 분명히 밝히고 있습니다. 주기도문에서 말하는 악, 악한 자는 옛 뱀, 사탄과 밀접한 관계가 있습니다.

악한 자, 사탄이 인간을 유혹해서 악에 빠뜨립니다. 죄를 짓게 만들어 죄악 가운데 살게 만듭니다. 악한 자, 사탄은 우리 안에 하나님의 말씀이 거하는 것을 방해하고 말씀을 듣고 깨달아 열매를 맺지 못하도록 방해합니다.

> "아무나 천국 말씀을 듣고 깨닫지 못할 때는 악한 자가 와서 그 마음에 뿌려진 것을 빼앗나니 이는 곧 길 가에 뿌려진 자요"마 13:19.

이 악한 자는 온 천하를 꾀는 자요계 12:9 하나님께 밤낮으로 참소하는 자입니다계 12:10. 분리시키는 자요 죄악을 범하게 만드는 자입니다. 예수님은 악한 자를 아셨기에 악에서 건져 달라는 기도를 하라고 권면

하셨습니다. 예수님은 악이 있으며 악한 자가 있는 것을 아셨습니다. 악에 빠지는 것이 얼마나 위험한지를 아셨습니다. 그래서 제자들을 위해 중보기도 하실 때에 하나님 아버지께 제자들이 악에 빠지지 않도록 보전해 달라고 기도하셨습니다.

> "내가 비옵는 것은 그들을 세상에서 데려가시기를 위함이 아니요 다만 악에 빠지지 않게 보전하시기를 위함이니이다" 요 17:15.

이 기도는 보호기도입니다. 우리는 우리 자신과 자녀들, 이웃과 나라와 민족을 위해 기도할 때, 반드시 보호기도를 드려야 합니다. 예수님은 친히 보호기도를 드리셨고, 우리에게도 보호기도를 가르쳐 주고 계십니다. 예수님은 제자 베드로가 사탄에게 공격받을 것을 아셨습니다. 그래서 그를 사탄의 공격으로부터 보호해 주는 기도를 드리셨습니다. 공격을 받되 치명적인 상처를 입지 않고 속히 회복되도록 미리 기도해 주신 것입니다.

> "시몬아, 시몬아, 보라 사탄이 너희를 밀 까부르듯 하려고 요구하였으나 그러나 내가 너를 위하여 네 믿음이 떨어지지 않기를 기도하였노니 너는 돌이킨 후에 네 형제를 굳게 하라" 눅 22:31-32.

예수님은 우리가 악에 노출되어 있으며 사탄의 공격 아래에 있음을 아십니다. 또한 하나님 아버지께서 우리를 보호하시고 도와주신다는 사실도 알고 계십니다. 그래서 우리에게 다만 악에서 구해달라는 기도를 드리라고 말씀하신 것입니다. 그렇다면 이 기도가 의미하는 것이 무엇일까요?

1. 악의 존재와 함께 하나님의 능력을 깨달아야 합니다

영적 전쟁에서 가장 주의해야 할 것은 무지와 방심입니다. 우리는 악의 존재를 알고 방심하지 말아야 합니다. 또한 악의 존재보다 강한 하나님의 능력이 우리와 함께 하심을 깨달아야 합니다. 예수님은 분명한 영적 세계관을 가지고 계셨습니다. 사탄의 존재를 아셨습니다. 또한 사탄이 악을 조장하고, 죄를 짓게 한다는 사실도 아셨습니다. 예수님이 오셔서 한 일은 사람들 안에 역사하는 귀신을 쫓아내어 주신 것입니다.

"또한 악귀를 쫓아내심과 병 고침을 받은 어떤 여자들 곧 일곱 귀신이 나간 자 막달라인이라 하는 마리아와" 눅 8:2.

성경은 귀신을 악한 귀신이라고 말합니다. 악한 귀신이 하는 것은 하나님께 반역하도록 만드는 것입니다. 가룟 유다는 예수님을 은 30에 팔았습니다.

"마귀가 벌써 시몬의 아들 가룟 유다의 마음에 예수를 팔려는 생각을 넣었더라"요 13:2.

예수님은 악한 자, 사탄의 존재와 함께 우리 안에 있는 죄성을 아셨습니다. 또한 우리가 아담의 죄로 말미암아 원죄를 가지고 죄인으로 태어난다는 사실을 아셨습니다. 우리 안에 죄를 짓는 악의 씨가 있는 것을 아셨습니다. 우리는 악한 자, 사탄의 세력과 함께 우리 안에 악을 행하려는 성향이 아담으로부터 내려온다는 사실을 알아야 합니다. 그런 까닭에 악에 빠져들지 않기를 날마다 기도해야 합니다. 사탄은 우리 안에 악을 부추깁니다. 그런데 우리는 예수님을 만나기 전까지 그 악을 잘 인식하지 못했습니다. 그것을 당연하게 여겼습니다. 하지만 예수님을 만나게 되면 우리 안에 존재하는 악을 깨닫게 됩니다. 사도 바울의 고백을 들어 보십시오.

"내가 원하는 바 선은 행하지 아니하고 도리어 원하지 아니하는 바 악을 행하는도다"롬 7:19.

"만일 내가 원하지 아니하는 그것을 하면 이를 행하는 자는 내가 아니요 내 속에 거하는 죄니라"롬 7:20.

"그러므로 내가 한 법을 깨달았노니 곧 선을 행하기 원하는 나에게 악이 함께 있는 것이로다"롬 7:21.

인간은 하나님을 만나기 전까지는 자신이 얼마나 악한 존재인지, 그리고 얼마나 더러운 죄인인지를 모릅니다. 모든 것을 합리화합니다. 하지만 하나님을 만나면 우리 내면에 얼마나 악한 것이 꿈틀거리고 있는지를 알게 됩니다. 에이미 윌슨 카마이클의 고백을 들어보십시오.

> 하나님, 내 자아와 싸우는데 나를 강하게 하소서
> 나는 애처로운 목소리를 가진 겁쟁이
> 편안함과 안식과 기쁨을 갈망하는 자이다
> 내 자아는 나 자신에게 가장 큰 반역자
> 나의 가장 속 빈 친구
> 나의 가장 무서운 적
> 내가 가는 모든 길을 가로막는 나의 장애물
> 에이미 윌슨 카마이클

여기서 우리가 주의해야 할 것이 있습니다. 우리 안에 있는 악한 자만 의식해서는 안 된다는 것입니다. 우리는 예수님을 믿는 우리 안에는 악한 자를 물리치고 악을 대적하고 선을 행할 수 있는 그리스도의 능력이 존재합니다. 우리는 이 사실을 깨달아야 합니다. 기도할 때 우리는 악한 자를 의식하며 깨어 있을 뿐 아니라 우리와 함께 하시는 예수님의 현존을 의식하게 됩니다. 바울은 자신의 내면에 존재하는 악의 세력 때문에 탄식하지만 그의 결론은 승리의 고백입니다.

"오호라 나는 곤고한 사람이로다 이 사망의 몸에서 누가 나를 건져내랴 우리 주 예수 그리스도로 말미암아 하나님께 감사하리로다 그런즉 내 자신이 마음으로는 하나님의 법을 육신으로는 죄의 법을 섬기노라"롬 7:24-25.

그는 주 예수 그리스도로 말미암아 감사하고 있습니다. 왜냐하면 우리를 사랑하시는 예수님을 통해 넉넉히 이길 수 있기 때문입니다.

"그러나 이 모든 일에 우리를 사랑하시는 이로 말미암아 우리가 넉넉히 이기느니라"롬 8:37.

사도 요한은 우리가 예수님을 영접하는 순간, 우리 안에 하나님의 씨가 거하게 된다고 증언합니다.

"하나님께로부터 난 자마다 죄를 짓지 아니하나니 이는 하나님의 씨가 그의 속에 거함이요 그도 범죄하지 못하는 것은 하나님께로부터 났음이라"요일 3:9.

사도 요한은 우리 안에 거하시는 예수님이 세상에 있는 악한 영들보다 강하시다고 강조합니다.

"자녀들아 너희는 하나님께 속하였고 또 그들을 이기었나니 이는 너희 안에 계신 이가 세상에 있는 자보다 크심이라"요일 4:4.

사도 요한은 하나님께로부터 난 자를 하나님이 지켜 주신다고 약속합니다.

"하나님께로부터 난 자는 다 범죄하지 아니하는 줄을 우리가 아노라 하나님께로부터 나신 자가 그를 지키시매 악한 자가 그를 만지지도 못하느니라 또 아는 것은 우리는 하나님께 속하고 온 세상은 악한 자 안에 처한 것이며"요일 5:18-19.

2. 악의 뿌리인 교만을 경계할 수 있도록 기도해야 합니다

우리는 창세기 2장과 3장에서 하나님이 아담과 하와에게 선악과를 따 먹지 말라고 하는 명령에 대해 의문과 질문을 갖게 됩니다. 왜 하나님은 선악과를 따 먹지 말라고 하셨을까요?

"선악을 알게 하는 나무의 열매는 먹지 말라 네가 먹는 날에는 반드시 죽으리라 하시니라"창 2:17.

뱀은 하와를 유혹할 때 아주 무서운 말로 유혹했습니다. 그녀가 선악과를 따 먹는 날에는 하나님과 같이 되어 선악을 알게 될 것이라고 했습니다.

"너희가 그것을 먹는 날에는 너희 눈이 밝아져 하나님과 같이 되어 선악을 알 줄 하나님이 아심이니라" 창 3:5.

그 결과는 우리 모두 알고 있습니다. 아담과 하와가 선악과를 따 먹었을 때, 그들의 눈이 밝아졌습니다. 그런데 그 결과는 무엇입니까? 하나님 없이 스스로 선과 악을 판단하게 된 것입니다. 스스로 지혜 있는 체하게 된 것입니다. 디트리히 본회퍼는 이 사실을 다음과 같이 기록하고 있습니다.

> 사탄은 아담과 하와에게 지혜를 약속했습니다. 하나님과 같이 지혜로워져서 선과 악이 무엇인지 알게 될 거라는 약속이었습니다. 그 약속은 그들이 선과 악에 대해 스스로 판단하는 자들이 된다는 것이었습니다. 아담이 지혜롭게 된다는 사탄의 제안을 받아들인 결과, 전 인류는 모든 신적인 것에 대해 뭔가 알고 있으며 충분히 신적인 것을 말할 수 있다고 생각하게 되었습니다. 하나님과 사람을 어떻게 대해야 하는지 알고 있다고 생각하게 되었습니다. 자신의 지혜를 사용하여 좋은 세상을 일구어 나갈 수 있으리라 생각하게 되었습니다. 디트리히 본회퍼, 『이 땅에서 그리스도인으로 설 수 있을까?』, 좋은씨앗, 155-156쪽

선과 악을 판단하고 분별하는 것은 오직 하나님께만 속한 것입니다. 우리 인간은 하나님의 형상을 따라 지음 받았고, 하나님께서 그분의 영을 우리 안에 불어넣어 주셨습니다. 그런 까닭에 선과 악을 분별하기 위해 우리가 할 일은 하나님을 의지하는 것입니다. 하나님의 말씀과 하나님의 영이신 성령님의 도우심을 구하는 것입니다. 그런데 인간은 그것을 원치 않으며 스스로가 하나님이 되어 선악을 분별하려고 합니다. 그런데 그 결과가 어떻습니까? 가인은 동생 아벨을 쳐 죽였습니다.

창세기 4장에 보면 가인과 아벨이 제사를 올려 드리는 장면이 나오는데, 하나님이 아벨과 그의 제물은 받으시고 가인과 그의 제물은 받지 않으십니다. 그러자 가인이 분노합니다. 그는 하나님께 왜 자신의 제물을 받지 않으시냐고 묻지도 않습니다. 자기가 무조건 옳다는 것입니다. 그래서 결국 동생 아벨을 쳐 죽입니다. 하나님이 그에게 물으십니다. "네 아우 아벨이 어디 있느냐." 그때 가인이 대답합니다. "내가 아우를 지키는 자니이까." 그는 동생을 살인하고도 자신의 죄를 모릅니다. 자신의 악을 모릅니다. 그 이유는 자신이 스스로 지혜롭다고 생각했기 때문입니다.

아담과 하와의 죄악의 뿌리는 무엇입니까? 바로 교만입니다. 그들은 스스로 하나님이 되어 선악을 알고 판단하고 싶어했습니다. 하나님의 이름에는 관심이 없고, 스스로의 이름을 내고 싶어했습니다. 이런 까닭에 교만을 모든 죄악의 뿌리로 보는 것입니다.

"첫 인간의 죄는 자기 눈이 밝아져 하나님 같이 되기를 기대한 교만이었다." 어거스틴

"기독교 신앙의 스승들에 따르면, 근본적인 악덕, 최대의 악은 교만이다 … 교만은 모든 악덕으로 이어진다. 교만은 철저히 반反 하나님적인 마음의 상태다." C.S. 루이스

어거스틴은 교만의 뿌리에는 하나님의 통치, 즉 하나님의 나라를 무시하고 자신 스스로 통치하며 자신의 왕국을 세우겠다는 교만이 도사리고 있다고 말합니다.

"자신의 권력에 극도로 도취한 교만은 더 높은 권위에서 오는 더 정당한 통치를 경멸한다." 어거스틴

C.S. 루이스는 교만의 뿌리에 하나님의 뜻을 무시하고 자신의 뜻대로 살겠다는 악이 존재하고 있다고 말합니다.

"결국은 두 종류의 사람들밖에 없다. 하나님께 '당신의 뜻대로 하소서'라고 말하는 사람들과 하나님으로부터 '네 뜻대로 하라'는 말을 듣는 사람이다." C.S. 루이스

예수님이 십자가를 지시기 전에 가룟 유다에게 하신 말씀이 바로 그런 말씀입니다. "가룟 유다야 네 뜻대로 해라."

"조각을 받은 후 곧 사탄이 그 속에 들어간지라 이에 예수께서 유다에게 이르시되 네가 하는 일을 속히 하라 하시니" 요 13:27.

우리가 성령 충만을 받아야 하는 이유는 아담의 범죄로 말미암아 우리가 스스로를 지혜롭게 생각함으로써 선악을 바로 분별할 수 없게 되었기 때문입니다. 예수님은 성령님이 오셔서 하실 일에 대해 다음과 같이 말씀하셨습니다.

"그가 와서 죄에 대하여, 의에 대하여, 심판에 대하여 세상을 책망하시리라" 요 16:8.

도대체 이 말씀이 무엇을 의미하는 것일까요? 성령님이 오셔야만 죄에 대하여, 의에 대하여, 심판에 대하여 올바로 분별해 주신다는 것입니다. 선악과를 따 먹은 인간은 죄와 의와 심판에 대해 스스로 정의를 내렸습니다. 죄를 짓고도 죄라고 말하지 않고, 사람을 죽이고도 의를 행했다고 말합니다. 싸우는 사람들, 소송하는 사람들, 전쟁하는 나라들을 보십시오. 한결같이 자신이 의롭다고 생각합니다. 잘못된 죄를 지은 사람이라도 많은 돈을 지불하고 변호사를 사서 변호를 하면 그

죄가 옳다고 판결을 내려 주는 세상이 되었습니다.

세상은 더 이상 죄를 죄로, 악을 악으로 여기지 않습니다. 죄를 지은 사람을 변호할 때, 그 죄를 죄로 여기지 않고 질환으로 보는 것이 선악과를 따먹은 세상의 모습입니다.

> "죄를 질환으로 보는 것은 악마의 가장 잔인한 최신 무기다." 필리스 맥킨리

선악을 분별하는 기준이 성경이어야 하는데, 포스트모더니즘 시대에 살고 있는 사람들은 성경의 절대 권위를 인정하지 않습니다. 그래서 죄를 죄로 여기지 않고 다른 용어를 만들어 내었습니다.

> "죄라는 단어가 세속화 된 미국 사회에서 급속히 사라졌고, 그 결과 죄나 악과 같은 도덕적, 신학적 용어는 아예 법률적, 심리학적 용어로 대체되어 버렸다." 칼 메닝거

우리가 예수님의 가르침을 따라 "다만 악에서 구하시옵소서"라고 기도해야 하는 까닭은 우리 스스로 선악을 판단하는 교만의 죄를 짓지 않기 위해서입니다. 우리는 우리 스스로가 선악을 판단하는 교만의 죄에서 우리를 건져 달라고 기도해야 합니다.

3. 악을 악으로 갚으려고 하는 복수심에서 건져 달라고 기도해야 합니다

예수님이 "다만 악에서 구하시옵소서"라고 가르쳐 주신 기도는 우리가 악에 빠져들지 않도록 기도하라는 것입니다. 우리는 악한 사람들이 선한 사람들에게 악을 행하고, 상처를 주고, 고통을 주는 것을 알고 있습니다. 인생 여정에서 우리는 그런 사람들을 만납니다. 예수님은 그런 사람들을 만날 때도 용서하라고 말씀하십니다. 원수를 위해 기도하고, 원수까지도 축복해 주라고 가르치십니다. 악을 악으로 갚지 말고 선을 베풀라고 말씀하십니다.

> "아무에게도 악을 악으로 갚지 말고 모든 사람 앞에서 선한 일을 도모하라"롬 12:17.
>
> "악에게 지지말고 선으로 악을 이기라"롬 12:21.
>
> "악은 모양이라도 버리라"살전 5:22.

왜 하나님은 악을 악으로 갚지 말고, 선으로 악을 이기라고 말씀하시는 것일까요? 그 이유는 우리가 악을 악으로 대항할 때, 우리가 악해지기 때문입니다. 악이 노리는 것은 바로 우리가 악해지는 것입니다. 하나님이 원하시는 것은 악한 세대 속에서도 우리가 선한 사람이 되는 것입니다. 선한 일을 행하는 것입니다. 선하신 하나님의 성품을 닮아 선한 사람으로 살아가는 것입니다. 본회퍼의 말에 다시 한번 귀를 기울이십시오.

악은 당신이 악해지기만을 바랍니다. 그렇게 되면 비로소 악이 당신에 대해 승리할 수 있기 때문입니다. 그러므로 악을 악으로 갚지 마십시오. 그렇게 함으로써 악에게 해를 입히는 것이 아니라 당신 자신만 상처를 입기 때문입니다. 당신에게 악한 일이 일어난다면, 위험에 처하는 것은 당신이 아니라 당신에게 악을 행하는 그 사람입니다. 당신이 그를 돕지 않는다면 그는 그가 행한 악으로 인해 자기 생명을 잃게 될 것입니다. 그러므로 타인을 위하여, 그리고 당신의 책임을 다하기 위하여 악을 악으로 갚지 마십시오. 디트리히 본회퍼, 같은 책, 159쪽

왜 하나님은 악을 악으로 갚지 말고, 선으로 악을 이기라고 말씀하시는 것일까요? 우리 안에는 악한 사람들로부터 고통을 받을 때에 복수하고 싶은 분노가 있기 때문입니다. 여기서 우리는 악의 문제와 용서의 문제가 아주 밀접한 관계가 있다는 사실을 깨닫습니다.

보복하려는 의지를 담고 있는 분노는 필연적으로 상대방을 적으로 만든다. 여기에는 어떤 은혜의 개입도 불가능하며, 해를 끼친 상대는 거의 즉각적으로 원수가 되고 만다. 그레고리우스가 말했듯이 분노는 결국 분쟁, 마음의 동요, 모욕, 야유, 분개, 모독과 같은 딸들을 주렁주렁 낳기 때문에 상대를 부참히 괴롭히고 관계를 증오의 악순환에 빠뜨리는 매우 치명적이고 심각한 죄라 할 수 있다.

… 교만도 분노의 한 원인이 된다. 교만한 사람일수록 자신의 생각이 받아들여지지 않을 경우, 자존심이 상하고 큰 모독감을 느낀다. 그래서 더 쉽게 화를 내고 앙갚음을 하고 싶어 한다. 신원하, 「죽음에 이르는 7가지 죄」, IVP, 92쪽, 94쪽

우리는 우리의 죄악에 대해서는 생각하지 않고 남이 자신에게 해악을 끼친 것만 생각합니다. 우리가 하나님의 진노의 대상이었던 것을 기억하지 않습니다. 그러나 우리는 악을 악으로 갚을 만큼 의롭지 못하다는 사실을 깨달아야 합니다. 다른 사람을 함부로 판단할 만큼 상대방의 배경을 잘 알지 못한다는 사실도 깨달아야 합니다. 우리는 함부로 다른 사람을 판단하지 않도록 해야 합니다. 우리가 원수로 여겼던 사람을 정말 이해하고, 그 사람의 배경과 그 사람 뒤에 역사하는 악한 영에 대해 깨닫게 된다면 그를 치려고 들었던 돌을 내려놓게 될 것입니다.

"원수의 숨은 이력을 읽을 수 있다면 각자의 삶에 얼룩진 슬픔과 고난을 보며 모든 적의가 풀릴 것이다." 헨리 워즈워스 롱펠로

1990년대 신출귀몰한 범죄 행각을 벌인 희대의 탈옥수 신창원은 한 수녀에게 어린 시절의 가슴 아픈 경험을 들려주었습니다. 그는 너무 가난해서 육성회비를 제때 내지 못하기 일쑤였는데, 초등학교 5학년 때 어느 날 담임선생님이 회비를 독촉하는 과정에서 화를 내며 그

에게 "너 같은 놈은 학교 다닐 필요 없어!"라고 소리쳤다고 합니다. 이 한마디는 그의 마음에 비수처럼 꽂혀 세상과 사람에 대한 분노의 씨앗이 되었습니다.

저는 신창원이 범한 악을 정당화해 주려는 것이 아닙니다. 다만 무조건 악하다고 정죄하기에는 우리가 너무나 그의 살아온 배경을 모르고 있다는 것입니다. 그런 까닭에 우리는 함부로 악을 행한 사람을 판단해서는 안 되며, 악을 악으로 갚아서도 안 됩니다. 우리가 할 일은 선으로 악을 이기는 것입니다. 예수님이 십자가에서 우리를 위해 그리하신 것처럼 말입니다. 우리는 겸허하게 예수님처럼, 스데반처럼 기도해야 합니다.

"아버지여 저들을 사하여 주옵소서 자기들이 하는 것을 알지 못함이니이다"눅 23:34.

예수님은 악을 행하는 사람들을 악으로 갚지 않으셨습니다. 그들을 용서하셨습니다. 그들에게 선을 베푸셨습니다.

사도 바울은 원수 갚는 것을 하나님께 맡기라고 권면합니다.

"내 사랑하는 자들아 너희가 친히 원수를 갚지 말고 하나님의 진노하심에 맡기라 기록되었으되 원수 갚는 것이 내게 있으니 내가 갚으리라고 주께서 말씀하시느니라"롬 12:19.

이 말씀에 대해 본회퍼는 다음과 같이 강론하고 있습니다.

> 하나님은 악에 대해 복수하기 원하시며 또 복수하셔야만 합니다. 그런데 하나님은 우리가 이해할 수 없는 방법으로 이미 복수를 하셨고, 그 복수는 기적 중의 기적입니다. 하나님은 우리가 그분의 원수 되었을 때 그때에 우리에게 복수하지 않으셨고, 날이면 날마다 하나님께 죄를 짓는 우리에게 복수하지 않으셨고, 우리의 원수에게 복수하지도 않으셨습니다. 하나님은 자기 자신에게, 그분의 사랑하는 아들에게 복수하셨습니다. 예수님께 우리의 모든 죄를 지우셨고, 그 죄를 징계하셨습니다 … 하나님 자신이 아픔과 고통을 당하시면서, 우리를 용서하시고 영접해 주시는 것이 하나님의 복수입니다. 하나님 자신이 고난을 당하시며 원수를 용서하시는 것이 하나님의 복수입니다. 디트리히 본회퍼, 같은 책, 164쪽

얼마나 놀라운 복음입니까? 우리가 싸울 것은 결코 사람이 아닙니다. 설령 그가 악을 행했다 할지라도 우리가 싸울 대상은 사람이 아닙니다. 그를 원수로 삼아서는 안 됩니다. 우리가 싸울 대상은 악한 자 사탄입니다. 우리가 예수님의 이름으로 대적해야 할 대상은 사람에게 죄를 짓게 만드는 악의 영인 것입니다.

"우리의 씨름은 혈과 육을 상대하는 것이 아니요 통치자들과 권세

들과 이 어둠의 세상 주관자들과 하늘에 있는 악의 영들을 상대함이라"엡 6:12.

악을 악으로 갚으려는 복수심의 분노는 오직 용서로만 해결될 수 있습니다. 용서만이 분노의 뿌리를 뽑을 수 있습니다.

"너희는 모든 악독과 노함과 분냄과 떠드는 것과 비방하는 것을 모든 악의와 함께 버리고 서로 친절하게 하며 불쌍히 여기며 서로 용서하기를 하나님이 그리스도 안에서 너희를 용서하심과 같이 하라" 엡 4:31-32.

헬라어로 용서를 의미하는 단어는 '아페시스'Aphesis입니다. '아페시스', 즉 용서는 '체포된 상태에서 풀어 준다'는 뜻입니다. 용서는 분노의 대상자와 당사자 모두를 자유롭게 풀어 주고 미래로 나아가게 하는 놀라운 힘을 지니고 있습니다. 용서가 있을 때, 아름다운 미래가 있습니다. 우리는 넬슨 만델라가 대통령이 되었을 때, 그들을 힘들게 했던 백인들과의 화해를 주도했던 데스몬드 투투 주교가 남긴 말을 가슴에 새겨야 합니다.

"용서 없이는 결코 남아공의 미래도 없다." 데스몬드 투투

이 말은 "용서 없이는 결코 아름다운 미래도 없다"는 의미입니다.

◇◇◇◇◇
하나님은 우리가 기도할 때
모든 것을 합력하여 선을 이루십니다
◇◇◇◇◇

우리가 기도할 때, 하나님은 우리를 악에서 건져 내어 주십니다. 악한 자가 우리를 기가 막힐 수렁에 빠뜨렸을 때 우리는 기도해야 합니다. 하나님을 전적으로 신뢰하며 기도해야 합니다. 그때 하나님은 우리를 악에서 건져 주실 것입니다. 다윗은 그의 시에서 하나님의 도우심에 대해 다음과 같이 기록하고 있습니다.

"내가 여호와를 기다리고 기다렸더니 귀를 기울이사 나의 부르짖음을 들으셨도다 나를 기가 막힐 웅덩이와 수렁에서 끌어올리시고 내 발을 반석 위에 두사 내 걸음을 견고하게 하셨도다"시 40:1-2.
"여호와께서 그들을 도와 건지시되 악인들에게서 건져 구원하심은 그를 의지한 까닭이로다"시 37:40.

하나님은 우리가 기도할 때, 우리를 악에서 건져 내실 뿐만 아니라 모든 것을 합력하여 선을 이루십니다. 요셉의 형제들은 요셉에게 엄청난 과오를 범했습니다. 보디발의 아내는 요셉을 감옥에 집어넣어 그를 혹독한 시련으로 몰아넣었습니다. 하지만 요셉은 끝까지 하나님을 의지했습니다. 하나님은 그를 구덩이에서, 감옥에서 건져 내셨습니다. 요셉은 나중에야 비로소 하나님께서 형제들의 잘못과 보디발의 아내의 악행까지도 선용하셔서 만민의 생명을 살리신 것을 깨닫습니다.

"당신들은 나를 해하려 하였으나 하나님은 그것을 선으로 바꾸사 오늘과 같이 많은 백성의 생명을 구원하게 하시려 하셨나니"창 50:20.

느부갓네살 왕과 바벨론의 고관들이 다니엘과 세 친구를 풀무불과 사자 굴에 집어넣었습니다. 그 상황은 기가 막힐 수렁과도 같았습니다. 하지만 하나님께서 그들을 건져 내셨습니다. 또한 악한 자들의 죄악을 선용하셔서 다니엘과 세 친구를 축복하셨습니다. 하나님은 이렇게 악인까지도 다스리시고 섭리하십니다.

"여호와께서 온갖 것을 그 쓰임에 적당하게 지으셨나니 악인도 악한 날에 적당하게 하셨느니라"잠 16:4.

요셉의 생애를 연구해 보면 그는 악을 악으로 갚지 않았습니다. 모든 것을 하나님께 맡겼습니다. 선으로 악을 이겼습니다. 요셉은 그의 형제들을 용서했습니다. 축복했습니다. 그들의 자손까지도 책임지고 키웠습니다.

악을 악으로 갚지 마십시오. 악을 악으로 갚으면 악을 살찌우게 됩니다. 또한 악을 악으로 갚으면 선한 사람도 악해집니다. 원수 갚는 것을 하나님께 맡기십시오. 십자가에 맡기십시오. 다만 용서하십시오. 선으로 악을 이기십시오. 악을 악으로 갚는다고 해서 악의 문제가 해결되는 것이 아닙니다. 사람들이 범한 악을 오히려 선으로 대할 때, 악을 행한 자들이 회개하고 하나님께 돌아오게 됩니다.

선악에 대해 스스로 지혜 있는 체하지 마십시오. 선악을 분별하기 원한다면 하나님을 의지하십시오. 말씀을 의지하십시오. 성령님의 도우심을 구하십시오. 그때 선악을 올바로 분별할 수 있습니다. 악을 행하는 사람들까지도 함부로 판단하지 마십시오. 우리가 할 일은 악을 행하는 사람들을 용서하는 것입니다. 그들에게 선을 행하는 것입니다.

우리가 싸울 대상은 사람이 아닙니다. 아무리 악한 사람일지라도 싸워서는 안 됩니다. 물론 지혜롭게 방어해야 합니다. 그들의 악한 행실 때문에 수많은 사람들의 생명이 위협을 받지 않도록 지혜롭게 행하십시오. 우리가 싸울 대상은 오직 악한 영들입니다. 예수님의 이름으로 악한 영을 대적하고 물리쳐야 합니다. 모든 사람은 우리의 사랑의 대상이요 용서의 대상입니다. 우리가 선을 행해야 할 대상입니다. 이것이 선교입니다.

선교 역사에 길이 남을 짐 엘리엇 선교사의 이야기가 있습니다. 그는 휘튼대학교에서 최우등으로 졸업할 만큼 공부를 잘해 앞으로 교수가 되는 것이 좋겠다고 권유를 받았던 사람입니다. 엘리엇은 여러 면에서 탁월한 젊은이였습니다. 고등학교 때 레슬링 선수로 활약하기도 했고 학생회장으로 리더십을 발휘하기도 했습니다.

그를 지켜본 모든 사람이 장차 그가 미국 교계에 큰 지도자가 될 것이라고 생각했습니다. 그러나 그에게는 다른 꿈이 있었습니다. 그것은 아직 한 번도 복음을 듣지 못한 미전도 종족에게 가서 복음을 전하는 것이었습니다. 그는 기도하는 중에 남미의 미전도 종족 가운데서도 가장 난폭하고 잔인한 부족으로 알려진 에콰도르 정글의 아우카 부족들에게 복음을 전하기로 마음먹고 친구 네 명과 함께 그곳으로 들어갔습니다.

그는 1952년부터 2년 동안 현지에 있으면서 그 나라 말과 풍습을 배운 후에 아우카 부족이 사는 정글 속으로 경비행기를 몰고 가서 계속 물자를 떨어뜨리면서 방송을 했습니다. "하나님은 여러분을 사랑하십니다." 그 후 어느 날 드디어 그 정글을 헤치고 그들에게 들어갔습니다. 그리고 소식이 끊어졌습니다. 나중에 들려온 소식은 모두 처참하게 아우카 부족의 화살과 창에 찔려 죽었다는 것이었습니다. 그때 짐 엘리엇의 나이는 28세에 불과했습니다. 그들에게는 총이 있었지만 결코 사용하지 않았습니다. 그들은 순교한 것입니다. 만약 그들이 총을 쏘았다면 그 부족은 결코 복음을 받아들이지 못했을 것입니다.

짐 엘리엇과 그의 친구들의 죽음은 미국 사회에 큰 충격을 주었습니다. 미국의 라이프 잡지는 "이런 낭비가 어디 있는가"라는 비난적인 기사도 실었습니다. 그때 짐 엘리엇의 아내인 엘리자벳은 이렇게 말했습니다.

"낭비라니요. 남편의 죽음은 절대로 낭비가 아닙니다. 그는 온 생애를 바로 이 시간을 위해 살아왔던 사람입니다. 그는 자기 책임을 다 하고 죽은 행복한 사람입니다."

짐 엘리엇 선교사가 남긴 말은 수없이 반복해서 인용되었습니다.

"잃어버려서는 안되는 것을 얻기 위해 영원히 간직할 수 없는 것을 포기하는 자는 결코 어리석은 자가 아니다."

그가 순교를 당하기 전에 썼던 일기에는 다음과 같은 고백이 담겨 있었습니다.

"하나님, 이 쓸모없는 나무개피에 불을 붙여 주소서. 그리고 주를 위해 타게 하소서. 나의 삶을 소멸하소서. 나의 하나님이여, 이것은 주의 것입니다. 나는 오래 살기를 원치 않습니다. 오직 풍성한 삶을 살게 하소서. 당신과 같이, 주 예수님이여!"

짐 엘리엇과 그의 친구들의 죽음과 선교의 이야기는 여기서 끝나지 않았습니다. 순교한 선교사들의 아내들이 모여 같이 손을 붙잡고 기도하기 시작했고, 짐 엘리엇의 아내 엘리자벳은 남편이 이루지 못한 선교사역을 위해 간호학을 공부했습니다. 2년 후인 1958년 엘리자벳 엘리엇은 순교한 선교사의 여동생인 레이첼 세인트와 함께 어린 딸을 데리고 정글로 들어갔습니다. 놀랍게도 아우카 부족은 여자는 죽이지 않는 풍습이 있어서 그들은 죽임을 당하지 않았습니다. 그들은 그곳에서 5년 동안 헌신하고 모든 궂은일을 감당했습니다. 아픈 사람들을 간호해 주고 치료해 주고 그들의 모든 어려움을 돌봐 주었을 때, 아우카 부족은 놀라운 감동을 받았습니다.

그곳에 들어온 지 5년이 되어 잠시 본국으로 돌아오려고 할 때에 그들이 물었습니다. "당신들은 어떻게 이 정글까지 와서 우리를 위해 모든 것을 희생할 수가 있었습니까?" 그때 엘리자벳이 대답했습니다.

"5년전 당신들이 죽인 사람이 바로 내 남편, 이 사람의 오빠, 다 제 친구의 남편들이었습니다. 나와 남편이 섬기는 하나님의 사랑이 여기까지 와서 살게 했습니다."

그 순간 그들은 눈물을 흘리며 하나님의 사랑에 감동했습니다. 그 부족 모두가 예수님을 믿게 되었고, 짐 엘리엇을 숙였던 추장은 훗날 목사가 되었습니다. 선으로 악을 이긴 사랑의 스토리입니다. 이것이 선교의 이야기요 복음의 이야기입니다. 십자가 사랑의 이야기입니다.

우리는 날마다 시험에 들지 않도록 기도해야 합니다. 다만 악에서 구해 주시도록 기도해야 합니다. 우리가 기도할 때, 하나님은 선악을 분별하도록 도와주십니다. 악에서 건져 주십니다. 악을 악으로 갚지 않도록 도와주십니다. 복수심의 분노에서 자유하도록 도와주십니다. 우리가 기도할 때, 하나님의 사랑을 부어 주셔서 선으로 악을 이기도록 도와주십니다. 그때 우리는 승리하는 삶을 살게 됩니다. 이것이 주기도문의 능력입니다. 주기도문을 통해 경험하는 십자가 사랑의 능력입니다. 부디 기도로 승리하시기를 바랍니다.

| 하나님의 영광을 위해 드리는 기도 |

Chapter 10

주기도문은 모든 초점을 하나님께 맞추는 기도입니다

마 6:13
우리를 시험에 들게 하지 마시옵고 다만 악에서 구하시옵소서 (나라와 권세와 영광이 아버지께 영원히 있사옵나이다 아멘)

주기도문은
하나님의
마음입니다

◇◇◇◇◇
주기도문은 하나님으로 시작해서
하나님으로 마칩니다
◇◇◇◇◇

주기도문은 기도의 정수입니다. 짧지만 참된 기도가 무엇인가를 보여 줍니다. 또한 주기도문을 통해 우리는 하나님이 어떤 분이신가를 배우고, 기독교 신앙의 진수를 배우게 됩니다. C.S. 루이스는 그가 기독교를 믿는 이유를 태양에 비유했습니다.

> "내가 기독교를 믿는 이유는, 태양이 떠오른다는 것을 믿는 것과 같다. 태양을 보았기 때문에 뿐만 아니라 태양을 통해 다른 모든 것을 보기 때문이다." C.S. 루이스

저는 루이스의 이 말을 주기도문과 연결시키고 싶습니다. 제가 주

기도문을 통해 기도하고 거듭 묵상하는 이유가 있다면, 그것은 주기도문을 통해 하나님을 만나고 주기도문을 통해 다른 모든 것을 볼 수 있기 때문입니다.

우리가 주기도문을 공부하고 주기도문을 통해 기도하는 이유는 주기도문을 배우기 위해서가 아니라 주기도문 속에 담긴 하나님을 알고 경험하기 위해서입니다. 주기도문을 아는 사람과 주기도문 안에 담긴 하나님을 아는 사람은 하늘과 땅 차이입니다. 그 이유는 주기도문은 하나님께 초점을 맞추고 있기 때문입니다. 주기도문은 하나님 아버지, 하나님의 이름, 하나님의 나라, 하나님의 뜻, 하나님의 공급, 하나님의 용서, 하나님의 보호, 하나님의 능력, 그리고 하나님의 영광에 초점을 맞추고 있습니다.

주기도문을 자세히 관찰하고 묵상하면 주기도문은 하나님 아버지로 시작됩니다.

"하늘에 계신 우리 아버지여" 마 6:9.

그리고 하나님 아버지로 마칩니다.

"우리를 시험에 들게 하지 마시옵고 다만 악에서 구하시옵소서 (나라와 권세와 영광이 아버지께 영원히 있사옵나이다 아멘)" 마 6:13.

주기도문은 "나라와 권세와 영광이 아버지께 영원히 있사옵나이다 아멘"으로 끝이 납니다. 성경을 연구하는 학자들은 이 마지막 부분을 송영頌詠, doxology이라고 부릅니다. 송영이란 예배의 마지막 순서에 부르는 찬송을 의미합니다. 새롭게 편성된 찬송가의 1장에서 7장은 송영입니다. 송영에 담긴 내용은 주로 성부, 성자, 성령님을 찬양하고 성삼위 하나님께 영원무궁토록 영광을 돌리는 것입니다. 찬송가 3장의 송영의 가사를 보면 이 의미를 잘 알 수 있습니다.

> 성부 성자와 성령 찬송과 영광 돌려 보내세
> 태초로 지금까지 또 영원무궁토록
> 성삼위께 영광 영광 아멘 찬송가 3장, 송영

송영은 성부, 성자, 성령 하나님께 찬송과 영광을 올려드립니다. 또한 태초라는 표현과 영원무궁이라는 표현이 나옵니다. 다시 영광 영광이 나오고 아멘으로 끝납니다. 송영은 짧지만 대단한 뜻을 담고 있습니다.

주기도문의 마지막 부분이 바로 송영입니다. 기도로 시작해서 찬송으로 끝나고 있습니다. 정말 놀라운 결론입니다. 하나님의 이름을 부르는 것이 찬송이라면 주기도문은 하나님을 찬양하는 것으로 시작해서 하나님을 찬양함으로 마친다고 해도 과언이 아닙니다. 하나님은 우리의 관심을 오직 하나님께 초점을 맞추도록 주기도문을 허락해 주신 것입니다.

　우리 인생은 우리 자신이 누구인가에 대한 자아 인식으로 변화되지 않습니다. 물론 자아 인식은 중요합니다. 하지만 우리 자신만 바라본다고 해서 우리 인생의 문제가 해결되지는 않습니다. 우리 인생에서 중요한 것은 하나님 인식입니다. 하나님을 알고 경험하고 신뢰할 때에 놀라운 변화가 일어납니다. 하나님을 바라볼 때에 우리 자신만 바라볼 때와는 전혀 경험할 수 없는 놀라운 기적들을 경험하게 됩니다. 주기도문은 우리의 초점을 우리 자신이나 환경이 아닌 하나님께 맞추도록 도와줍니다. 그렇다면 주기도문의 마지막 부분에서 배울 수 있는 하나님의 교훈이란 무엇일까요?

1. '대개'라는 말은 우리가 기도해야 할 근거를 제공해 줍니다

　주기도문을 드릴 때, 마지막 부분에 '대개'라는 말을 넣습니다. "대개 나라와 권세와 영광이 아버지께 영원히 있사옵나이다 아멘." 주기도문송에도 '대개'라는 말이 들어 있습니다. "대개 주의 나라 주의 권세 주의 영광 영원히 아멘." 그런데 우리는 '대개'라는 말이 무엇을 의미하는지를 별로 생각해 본 적이 없습니다. 그냥 남들이 그렇게 기도하니까 우리도 따라서 그렇게 기도해 온 것입니다. '대개'라는 말은 사실 굉장히 중요한 의미를 가지고 있습니다. 그것은 우리가 기도할 수 있는 근거를 말해 주기 때문입니다.

　대개大概는 '큰 원칙으로 보건대'라는 의미를 가지고 있습니다. 조금 더 부연하면 '대개'는 영어로 'because, for'입니다. 즉, '왜냐하면, 이런 이유 때문에'라는 의미를 가지고 있는 '대개'는 우리가 하나님께 주기도문을 드리는 이유가 무엇인지에 대해 말해 주는 단어입니다. 헬무트 틸리케는 '대개'의 뜻을 다음과 같이 설명해 줍니다.

> 이 '대개'를 다른 말로 좀 더 분명하게 표현한다면 '이 나라는 권세 있는 나라요, 이 나라의 주인은 아버지이십니다. 더욱이 아버지께서는 우리 기도를 들어주실 권능을 갖고 계십니다. 또한 아버지께서는 자비로우셔서 우리에게 일용할 양식을 주시고 우리 죄를 용서해 주십니다. 바로 그런 이유 때문에'라는 뜻입니다.
> 하나님을 찬송합니다. 그 나라가 하나님의 소유이며 그 권세와 그 영광이 하나님께 속해 있다는 바로 그 이유 때문에 우리가 아버지 앞에 기도자로서 설 수 있습니다. (주기도의 이 마지막 간구에 이르러서야 비로소 우리는 이 사실을 생각하게 됩니다.) 헬무트 틸리케, 「세계를 부둥켜안은 기도」, 홍성사, 268-269쪽

하나님이 우리 아버지라면 우리는 하나님의 자녀입니다. 이 진리는 참으로 놀라운 것입니다. 우리 하나님 아버지는 주권자이십니다. 전능하십니다. 영화로우십니다. 하나님이 우리 아버지가 되시고, 우리가 그분의 자녀인 까닭에 우리는 기도할 수 있습니다.

"우리는 '왜냐하면'이라는 이 조그마한 낱말에 발을 딛고서 하나님의 보좌로 나아갑니다. 그리고 주님께서 우리 소망과 기대의 터이심을 주님께 상기시켜 드립니다." 코르넬리스 프롱크

2. 하나님의 나라는 예수님 안에서 경험할 수 있습니다

"나라와 권세와 영광이 아버지께 영원히 있사옵나이다 아멘" 마 6:13.

하나님의 나라는 하나님 아버지께 속한 하나님 아버지의 나라입니다. 하나님의 나라를 이 땅에서 경험할 수 있는 길은 우리가 예수님 안에 거할 때입니다. 우리는 오직 예수님 안에서 하나님의 나라를 볼 수 있고, 경험할 수 있습니다.

우리는 주기도문의 전반부에서 '나라가 임하옵시며'에 대해 배웠습니다. 하나님의 나라에서 가장 중요한 것은 하나님의 통치입니다. 하나님이 임재하셔서 하나님이 다스리는 곳이 바로 하나님의 나라입니다. 우리는 앞에서 하나님의 나라는 공간적인 개념 이전에 주권과 관련되어 있는 것을 배웠습니다. 예수님은 공생애를 시작하시면서 하나님의 나라를 선포하셨습니다. 예수님이 가시는 곳마다 하나님의 나라가 임했습니다. 예수님이 곧 하나님의 나라였습니다. 예수님을 모신 곳이 어디나 천국입니다. 천국은 우리가 이 세상을 떠나기 전에 예수님 안에서 보고 경험할 수 있는 나라입니다. 또한 우리가 이 세상을 떠나면 들어가게 될 나라입니다. 이것이 천국의 신비입니다. 천국이 '이

미' 우리에게 임했지만 우리는 '아직' 천국에 들어간 것이 아닙니다. 우리는 '이미'와 '아직'의 긴장 속에 살고 있습니다.

예수님은 천국은 '너희 안에 있다'고 말씀하셨습니다. 잘 생각해 보십시오. 예수님 안에 천국이 있고, 또한 예수님을 모신 우리 안에 천국이 있습니다. 중요한 개념은 '밖'이 아니라 '안'입니다. 우리는 천국을 경험하기 위해 예수님 안으로 들어가야 합니다. 또한 우리 안에 거하시는 예수님을 통해 천국을 경험할 수 있습니다. 이것이 천국의 신비입니다. 천국은 보는 것과 아주 밀접한 관계가 있습니다. 예수님께서 니고데모에게 하신 말씀을 자세히 살펴보십시오.

> "예수께서 대답하여 이르시되 진실로 진실로 네게 이르노니 사람이 거듭나지 아니하면 하나님의 나라를 볼 수 없느니라"요 3:3.

예수님은 팔복 가운데 마음이 청결한 자의 복에 대해 말씀하십니다. 그 복은 '보는 것'과 관련되어 있습니다.

> "마음이 청결한 자는 복이 있나니 그들이 하나님을 볼 것임이요"마 5:8.

예수님을 만난 사람들과 사도들은 이 땅에 사는 동안 천국을 보았습니다. 천국을 보았기에 이 세상의 것들에 미련을 두지 않았습니다.

이 세상의 것을 초월한 사람들은 이 세상 저 너머에 있는 영원한 세계를 볼 수 있는 사람들입니다. 그렇다면 이 땅에 사는 동안 어떻게 천국을 볼 수 있을까요? 어디서 천국을 볼 수 있을까요? 바로 예수님 안으로 들어가야 합니다.

예수님을 밖에서 보면 초라합니다. 십자가에 못 박히신 예수님을 보십시오. 흠모할 만한 것이 없습니다. 십자가는 저주의 십자가요, 심판의 십자가요, 하나님의 분노가 임한 십자가입니다. 정죄 받은 십자가입니다. 그런데 예수님 안에서 십자가를 바라보면 십자가는 전혀 다르게 보입니다. 사랑의 십자가입니다. 용서의 십자가입니다. 치유의 십자가입니다. 천국으로 들어가는 길이요, 천국으로 연결시켜 주는 다리입니다. 십자가는 새 출발의 장소입니다. 흑암의 권세에서 하나님의 사랑의 아들의 나라로 옮겨 주는 장소입니다.

저는 성막을 연구하면서 발견한 놀라운 사실이 있습니다. 성막 밖에서는 그곳이 지극히 초라해 보인다는 것입니다. 성막을 두르고 있는 울타리와 성막을 덮고 있는 덮개는 아름답지 않습니다. 웅장하지 않습니다. 하지만 성막 안으로 들어가면 이야기는 달라집니다. 성막에서 이루어지고 있는 일들의 의미를 깨달으면 이야기는 달라집니다. 성막의 아름다움과 영광스러움에 도취될 수밖에 없습니다. 성막 안의 휘장과 등잔대와 떡상, 분향단과 시은좌, 천사 모양을 하고 있는 시은좌 양쪽에 있는 스랍의 모습은 정말 놀랍고 아름답습니다. 그 섬세함, 그 아름다움, 그 축복과 그 영광은 감히 말로 표현할 수 없습니다. 구약에는 제사장만이 성막 안에 들어갈 수 있었습니다. 그래서 백성들은 밖에서 성막 안의 아름다움만을 사모했습니다.

그런데 성막의 본체 되시는 예수님이 오셔서 우리 모두를 제사장으로 만드셨습니다. 우리 모두를 성막 안으로 들어가게 하셨습니다. 지성소 안으로 들어가게 하셨습니다. 성막은 천국의 모형입니다. 이처럼 예수님 안에 들어오는 것과 예수님 밖에 있는 것과는 하늘과 땅의 차이만큼 큽니다.

> 요컨대, 하나님 나라의 비밀은 그 바깥에서는 알 수 없습니다. 그저 방관자로 있을 때에는 그 비밀을 알지 못합니다. 그 비밀은 오직 내부에서만 알 수 있습니다. 그 나라 안으로 들어가야만, 예수 안으로 들어가야만 알 수 있는 것입니다. 헬무트 틸리케, 같은 책, 277쪽

헬무트 틸리케는 이 사실을 교회당 안에서만 그 아름다움을 볼 수 있는 스테인드글라스, 채색 유리를 통해 설명해 줍니다.

> 이것은 마치 교회 예배당의 채색 유리와 비슷합니다. 어떤 사람이 예배당 밖 주위만 맴돌고 있다면, 그의 눈에는 칙칙한 잿빛 창문만 보일 것입니다. 그런 사람은 잿빛으로 보이는 그것이 연기에 그을리고 때에 찌들긴 했지만 너무나 고귀한 예술작품이라는 것을 알 수 없습니다. 그릇된 자리에서 그 창문을 보고 있기 때문입니다.

그러나 예배당 안으로 들어가 회중석에서 그 창문들을 보게 되면, 똑같은 눈으로 보는데도 창문들이 빛나기 시작합니다. 성경이 증언하는 모든 구원의 역사가 색채라는 마법에 실려 나를 에워싸고 나를 응시하게 됩니다. 하나님 나라의 비밀은 우리가 '그 나라 안으로' 들어갈 때에 비로소 볼 수 있게 되는 것입니다. 헬무트 틸리케, 같은 책, 278쪽.

예수님은 주기도문을 통해 거듭 하나님의 나라에 대해 말씀하십니다. 하나님의 나라는 성경 전체의 주제입니다. 예수님의 설교 주제였고, 사도들의 설교 주제였습니다. 사도들은 예수님의 부활과 하나님의 나라를 선포했습니다. 예수님은 우리의 우선순위가 하나님의 의와 하나님의 나라가 되길 원하셨습니다 마 6:33. 예수님은 천국에 우선순위를 둔 사람, 천국을 소망하며 사는 사람만이 참으로 이 세상에서 의미 있는 삶을 산다는 사실을 아셨습니다. 그러므로 우리는 비록 이 세상에 살고 있지만 우리의 관심과 초점을 항상 천국에 두어야 합니다. 천국 백성으로 살아가야 합니다.

3. 하나님의 권세는 세계 복음화와 관련되어 있습니다

"나라와 권세와 영광이 아버지께 영원히 있사옵나이다 아멘" 마 6:13.

하나님의 나라를 다스릴 때 중요한 것은 권세입니다. 여기서 예수님이 말씀하신 권세는 권능입니다. 헬라어로 '두나미스'Dunamis입니다. 사도행전 1장 8절에 나오는 '권능'과 똑같은 단어입니다. 이 '두나미스'라는 단어에서 '다이너마이트'라는 단어가 나왔습니다. 다이너마이트는 파괴하는 능력이지만, 하나님의 능력은 살리는 능력입니다. 회복시키는 능력입니다. 새롭게 시작할 수 있도록 도와주는 능력입니다. 용서하는 능력입니다. 사랑하는 능력입니다.

우리가 주기도문을 통해 알고 믿는 것은 하나님의 권능입니다. 하나님은 모든 것을 가능케 하시는 능력을 소유하신 분입니다. 하나님은 우리가 간구하는 모든 것을 응답해 주실 수 있는 전능자입니다. 권능은 오직 하나님께 속해 있습니다.

"하나님이 한두 번 하신 말씀을 내가 들었나니 권능은 하나님께 속하였다 하셨도다"시 62:11.

하나님은 그 권능을 예수님께 주셨습니다.

"예수께서 나아와 말씀하여 이르시되 하늘과 땅의 모든 권세를 내게 주셨으니"마 28:18.

예수님은 이 권능을 제자들에게 주셨습니다. 그렇다면 무엇을 위해 주셨을까요? 바로 세계 복음화를 위해 주셨습니다. 마태복음 28장

18절 다음에 나오는 말씀입니다.

"그러므로 너희는 가서 모든 민족을 제자로 삼아 아버지와 아들과 성령의 이름으로 세례를 베풀고 내가 너희에게 분부한 모든 것을 가르쳐 지키게 하라 볼지어다 내가 세상 끝날까지 너희와 항상 함께 있으리라 하시니라"마 28:19-20.

예수님의 세계 복음화를 위한 지상명령은 그분의 권세를 제자들에게 부여해 주시는 것과 연결되어 있습니다. 예수님은 제자들을 부르셔서 그들에게 권능을 부여하셨습니다.

"예수께서 그의 열두 제자를 부르사 더러운 귀신을 쫓아내며 모든 병과 모든 약한 것을 고치는 권능을 주시니라"마 10:1.
"예수께서 열두 제자를 불러 모으사 모든 귀신을 제어하며 병을 고치는 능력과 권위를 주시고 하나님의 나라를 전파하며 앓는 자를 고치게 하려고 내보내시며"눅 9:1-2.

이 권능은 모두 복음 전파를 위해 주신 것입니다. 우리의 힘을 과시하라고 주신 것이 아닙니다. 오직 세계를 복음화하기 위해 주신 것입니다. 예수님께서 성령님의 권능을 받으라고 말씀하신 것도 세계 복음화를 위해서입니다.

"오직 성령이 너희에게 임하시면 너희가 권능을 받고 예루살렘과 온 유대와 사마리아와 땅 끝까지 이르러 내 증인이 되리라 하시니라"행 1:8.

예수님은 권능을 제자들과 사도들에게만 주신 것이 아니라 우리 모두에게 주셨습니다. 중요한 것은 우리가 이 사실을 알고 믿는 것입니다. 우리는 이 놀라운 권능을 영혼 구원을 위해 사용해야 합니다.

"믿는 자들에게는 이런 표적이 따르리니 곧 그들이 내 이름으로 귀신을 쫓아내며 새 방언을 말하며 뱀을 집어올리며 무슨 독을 마실지라도 해를 받지 아니하며 병든 사람에게 손을 얹은즉 나으리라 하시더라"막 16:17-18.

우리는 예수님을 통해 하나님의 권능을 부여 받았습니다. 하지만 우리는 계속해서 하나님의 능력을 공급 받기를 위해 기도해야 합니다. 하나님의 능력은 우리가 기도할 때, 강하게 임합니다. 우리가 예수님의 이름으로 복음을 전할 때, 강하게 임합니다. 세상의 권세, 마귀의 권세는 파괴적입니다. 하지만 성령님의 능력, 하나님의 권세는 사람을 살리는 권능입니다. 그런 까닭에 우리는 항상 하나님을 앙망해야 합니다. 하나님의 얼굴을 구해야 합니다. 그분의 능력을 구해야 합니다.

"여호와와 그의 능력을 구할지어다 그의 얼굴을 항상 구할지어다"
시 105:4.

선교할 때 물질이 필요합니다. 하지만 선교는 성령님의 능력으로 하는 것입니다. 기도를 통해 능력을 받아 복음을 전파하는 것이 선교입니다. 육신의 힘으로 만들어내는 것은 육신의 열매입니다. 우리는 성령님의 능력을 힘입을 때, 성령님의 풍성한 열매를 맺게 됩니다.

4. 하나님께 영광을 돌리는 것이 기도와 찬양과 경배입니다

"나라와 권세와 영광이 아버지께 영원히 있사옵나이다 아멘"마 6:13.

주기도문은 참된 영광이 오직 하나님 아버지께만 속해 있음을 가르쳐 줍니다. 진정한 영광은 하나님의 영광이요, 하나님께로부터 온 영광입니다. '영광'이라는 단어와 주제는 정말 신비롭습니다. 우리는 '영광'에 대해 많이 말하지만 그것을 설명하는 것은 쉽지 않습니다. 예수님은 우리가 기도할 때에 하나님 아버지께 영광을 돌리게 된다고 말씀하십니다.

"너희가 내 이름으로 무엇을 구하든지 내가 행하리니 이는 아버지로 하여금 아들로 말미암아 영광을 받으시게 하려 함이라"요 14:13.

우리는 예수님께서 말씀하신 영광이 마귀가 보여 준 세상의 영광과 분명히 다르다는 것을 알아야 합니다. 세상의 영광은 오래가지 않습니다. 잠시 피었다 시드는 꽃과 같습니다. 세상의 영광은 때로 부정과 부패와 속임수를 통해 얻는 것임을 알게 됩니다. 세상의 영광에는 자신의 자랑이 들어 있습니다. 자신의 이름을 드러내는 데 초점을 맞추고 있습니다.

사람들이 세상의 영화를 누리기 위해 수많은 사람을 속이고, 죽이고, 착취하는 것을 보게 됩니다. 저는 모든 세상의 영광을 무조건 폄하하고 싶지는 않습니다. 하지만 이 세상에서의 삶에만 초점을 맞춘 영광은 허무한 것입니다. 그것은 수명이 짧은 영광이요 사막의 신기루와도 같은 영광입니다. 그렇다면 예수님이 말씀하신 하나님의 영광은 무엇을 의미할까요? 우리가 그 영광을 어디서 누구를 통해 발견할 수 있을까요?

'영광'이라는 히브리 단어는 '카보드'kabod입니다. 헬라어로는 '독사'doxa이며 '무거움'이라는 뜻입니다. 우리는 하나님의 영광을 그분의 무게에서 볼 수 있습니다. 하나님은 가벼운 분이 아니십니다. 경박한 분이 아니십니다.

하나님의 영광은 탁월함, 위대함, 풍부함과 관련 있습니다. 하나님의 영광은 하나님이 창조하신 모든 만물에 드러나 있습니다. 하나님이 만드신 자연을 관찰해 보십시오. 하나님의 영광이 담겨 있는 것을 보게 됩니다. 영광이란 아름답고 빛나는 것입니다.

하나님의 영광은 섬세함 속에 담겨 있습니다. 작은 꽃 속에, 작은 씨앗 속에 하나님의 영광이 담겨 있습니다. 작은 도토리 한 알 속에 거대한 참나무가 담겨 있습니다. 어머니의 자궁에서 잉태된 작은 씨앗 속에 장차 장성해서 놀라운 일을 이룰 한 인물이 담겨 있습니다.

하나님의 영광은 그분의 성품과 관련되어 있습니다. 하나님의 선하심과 긍휼, 자비와 용서, 관용과 사랑 속에 그분의 영광이 담겨 있습니다. 모세는 하나님께 영광을 보여 달라고 간구했습니다. 그때 하나님이 보여 주신 첫 번째가 하나님의 선하심입니다. 그리고 은혜와 긍휼입니다.

> "모세가 이르되 원하건대 주의 영광을 내게 보이소서 여호와께서 이르시되 내가 내 모든 선한 것을 네 앞으로 지나가게 하고 여호와의 이름을 네 앞에 선포하리라 나는 은혜 베풀 자에게 은혜를 베풀고 긍휼히 여길 자에게 긍휼을 베푸느니라" 출 33:18-19.

하나님의 영광은 그분이 만드신 모든 만물에 드러나 있습니다. 또한 하나님은 자신의 영광을 독생하신 예수님을 통해 드러내셨습니다. 구약에서 하나님은 자신의 영광을 성막과 성전에서 드러내셨습니다. 그런 까닭에 구약의 성도들은 성전을 사모했습니다. 성전에서 그들은 하나님의 아름다움을 보았고 그분의 영광을 보았습니다.

"내가 여호와께 바라는 한 가지 일 그것을 구하리니 곧 내가 내 평생에 여호와의 집에 살면서 여호와의 아름다움을 바라보며 그의 성전에서 사모하는 그것이라"시 27:4.

"내가 주의 권능과 영광을 보기 위하여 이와 같이 성소에서 주를 바라보았나이다"시 63:2.

신약에서는 구약의 성막과 성전에 나타났던 영광이 성막과 성전의 본체 되시는 예수님을 통해 드러납니다.

"말씀이 육신이 되어 우리 가운데 거하시매 우리가 그의 영광을 보니 아버지의 독생자의 영광이요 은혜와 진리가 충만하더라"요 1:14.
"이는 하나님의 영광의 광채시요 그 본체의 형상이시라 그의 능력의 말씀으로 만물을 붙드시며 죄를 정결케 하는 일을 하시고 높은 곳에 계신 지극히 크신 이의 우편에 앉으셨느니라"히 1:3.

하나님의 영광은 예수님의 창조의 솜씨에서 드러납니다. 하나님 아버지께서는 모든 만물을 예수님을 통해 창조하셨습니다. 하나님의 영광은 예수님의 성품에서 드러납니다. 선하시고 온유하시고 겸손하신 예수님의 성품에서 하나님의 영광이 드러납니다. 하나님의 영광은 예수님의 십자가에서 절정을 이룹니다 예수님은 십자가를 통해 하나님의 영광을 드러내셨습니다. 무엇보다 예수님은 십자가를 통해 인류가 하나님의 영광을 보고 사모하게 만드셨습니다. 또한 우리가 하나님의 영광을 드러낼 수 있도록 도와주십니다.

하나님은 사람을 그분의 형상을 따라 만드시고 그분의 영광의 광채를 비추어 주셨습니다. 그리고 그 영광의 광채를 받아, 하나님의 영광을 반사하도록 지으셨습니다. 그런데 아담의 범죄로 인해 하나님의 영광을 가리게 되었습니다. 하나님의 영광을 보고도 그 영광을 깨닫지 못하게 눈이 어두워지고 말았습니다.

예수님은 십자가에서 타락한 인간들을 구속하심으로 다시 하나님의 영광을 반사할 수 있도록 우리를 회복시켜 주셨습니다. 저는 하나님의 나라를 보는 것이 중요하다고 말씀드렸습니다. 그리고 이와 함께 예수님 안에 있는 영광을 보는 것이 중요하다는 사실을 말씀드리고 싶습니다. 예수님이 이 땅에 오셨을 때, 사람들은 예수님을 알아보지 못했습니다. 제자들과 예수님을 믿었던 소수 외에는 그분 안에 감추인 하나님의 영광을 보지 못했습니다.

어떻게 하면 예수님 안에 있는 영광을 볼 수 있을까요? 그것은 하나님께서 빛을 비추어 주실 때에 가능합니다.

> "어두운 데에 빛이 비치라 말씀하셨던 그 하나님께서 예수 그리스도의 얼굴에 있는 하나님의 영광을 아는 빛을 우리 마음에 비추셨느니라"고후 4:6.

마치 스테인드글라스를 보는 것과 같습니다. 스테인드글라스의 아름다움은 빛이 통과할 때에 드러납니다. 빛이 임하지 않으면 결코 스테인드글라스 안에 감추인 아름다움과 영광을 볼 수 없습니다. 우리가 하나님의 영광을 보고 경험할 때, 우리는 하나님께 영광을 돌릴 수 있습니다. 하나님께 영광을 돌린다는 것은 그분의 영화로우심을 표현하는 것입니다. 찬양하는 것입니다. 하나님께 속해 있는 나라와 권능과 그 모든 영광을 기도와 찬양과 경배를 통해 표현하는 것입니다.

하나님의 영광은 예수님 안에 있으며 충만히 있습니다. 다만 문제는 우리 눈이 어두워 보지 못할 뿐입니다. 우리 눈이 열려 하나님의 영광을 보게 된다면, 하나님의 아름다움과 빛남을 깨닫고 감탄할 수밖에 없을 것입니다. 에머슨의 말을 마음에 새기십시오.

"무엇이든 아름다운 것을 볼 수 있는 기회를 결코 놓치지 마라. 왜냐하면 아름다움은 하나님의 친필이기 때문이다." 랄프 왈도 에머슨

그렇다면 우리가 하나님의 영광을 바라보아야 하는 이유가 무엇일까요? 바로 그때 우리는 하나님의 형상을 닮게 되고, 하나님의 영광을 반사할 수 있게 되기 때문입니다.

"우리가 다 수건을 벗은 얼굴로 거울을 보는 것 같이 주의 영광을 보매 그와 같은 형상으로 변화하여 영광에서 영광에 이르니 곧 주

의 영으로 말미암음이니라"고후 3:18.

하나님이 우리를 만드신 이유는 그분의 영광을 위해서입니다. 하나님의 영광을 드러내고, 그분의 영광을 찬양하도록 우리를 창조하신 것입니다.

"내 이름으로 불려지는 모든 자 곧 내가 내 영광을 위하여 창조한 자를 오게 하라 그를 내가 지었고 그를 내가 만들었느니라"사 43:7.

예배의 감격은 하나님의 영광을 볼 때에 충만해집니다. 예배는 하나님을 경험적으로 아는 사람들이 모일 때, 뜨거운 감격 속에서 불이 붙게 됩니다. 우리가 받은 모든 좋은 것은 다 하나님께로부터 온 것입니다. 그런 까닭에 우리가 받은 모든 것을 통해 하나님께 영광을 돌려야 합니다. 요한계시록은 바로 하나님께 영광을 돌리는 예배를 보여 주는 책입니다.

"그 생물들이 보좌에 앉으사 세세토록 살아 계시는 이에게 영광과 존귀와 감사를 돌릴 때에 이십사 장로들이 보좌에 앉으신 이 앞에 엎드려 세세토록 살아 계시는 이에게 경배하고 자기의 관을 보좌 앞에 드리며 이르되 우리 주 하나님이여 영광과 존귀와 권능을 받으시는 것이 합당하오니 주께서 만물을 지으신지라 만물이 주의 뜻대로 있었고 또 지으심을 받았나이다 하더라"계 4:9-11.

"큰 음성으로 이르되 죽임을 당하신 어린 양은 능력과 부와 지혜와 힘과 존귀와 영광과 찬송을 받으시기에 합당하도다 하더라"계 5:12.

요한계시록 7장 9-12절은 세계 선교의 목적을 보여 주는 말씀입니다. 9-10절에 보면 각 나라와 족속과 백성과 방언에서 아무도 능히 셀 수 없는 큰 무리가 나와 하나님을 찬양합니다.

"이 일 후에 내가 보니 각 나라와 족속과 백성과 방언에서 아무도 능히 셀 수 없는 큰 무리가 나와 흰 옷을 입고 손에 종려 가지를 들고 보좌 앞과 어린 양 앞에 서서 큰 소리로 외쳐 이르되 구원하심이 보좌에 앉으신 우리 하나님과 어린 양에게 있도다 하니"계 7:9-10.

놀라운 선교의 열매입니다. 그 큰 무리가 하는 것은 경배와 찬양입니다. 선교의 마지막 목적은 하나님께 찬양과 경배를 드리는 것입니다.

"모든 천사와 보좌와 장로들과 네 생물의 주위에 서 있다가 보좌 앞에 엎드려 얼굴을 대고 하나님께 경배하여 이르되 아멘 찬송과 영광과 지혜와 감사와 존귀와 권능과 힘이 우리 하나님께 세세토록 있을지어다 아멘 하더라"계 7:11-12.

폴 맨워링은 「영광이란 무엇인가?」라는 책에서 하나님의 영광을 보기 위해서는 존경尊敬하는 마음을 가져야 한다고 강조합니다. 존경이라는 단어 속에는 존중과 경외가 함께 포함되어 있습니다. 예수님 안에 감추인 영광을 본 사람들은 예수님을 존경했던 사람들이었습니다. 반면 예수님이 성장했던 고향 나사렛 사람들은 예수님을 존경하지 않았습니다. 그런 까닭에 그들은 예수님의 영광을 볼 수가 없었습니다. 우리가 예수님을 믿을 때에 우리 안에는 하나님의 영광이 깃듭니다. 또한 우리가 서로 존경할 때에 각자 안에 깃들여진 하나님의 영광을 볼 수 있습니다.

> "존경은 다른 사람들 안에 있는 영광을 인식할 수 있는 능력이자 갈망이다." 폴 맨워링

폴 맨워링의 가르침을 따라 우리 가족, 우리 자녀들, 그리고 우리가 만나는 사람들을 존경하는 마음으로 바라본다면 놀라운 일들이 벌어질 것입니다. 예수님처럼 만나는 사람들을 존귀히 여겨 주시고, 존경하는 마음으로 바라보신 분은 없습니다. 예수님은 누구를 만나든지 그 사람 안에 깃든 하나님의 영광을 보셨고, 그 영광을 드러내 주길 원하셨습니다.

서로의 얼굴에 반사된 그리스도를 보는 법을 배워감에 따라, 우리

는 주님이 우리를 존경하기 위해 사용하신 기준을 이제는 서로를 존경하기 위해 사용하게 된다. 이렇게 함으로써 생명의 흐름, 은혜의 흐름이 생겨난다. 이러한 흐름은 우리 삶 속에서 보이지 않는 것을 표면화시켜 주고, 하늘과 땅 사이의 틈새를 메워 놓는다. 폴 맨워링, 「영광이란 무엇인가?」, 순전한 나드, 193쪽.

5. 영원하신 하나님께 영원토록 영광을 돌리도록 하십시오

"나라와 권세와 영광이 아버지께 영원히 있사옵나이다 아멘"마 6:13.

　요한계시록에서 하나님께 영광을 돌릴 때마다 반복해서 나오는 말이 있습니다. '세세토록 살아 계시는 이'라는 말입니다. 하나님은 처음과 나중이십니다. 하나님은 세세토록 계시는 분입니다. 하나님의 영광은 영원무궁합니다. 우리는 주기도문을 통해 영원하신 하나님을 만나게 됩니다. 영원한 나라, 하나님의 나라를 바라보게 됩니다. 우리는 예수님을 믿는 순간, 영생을 얻게 됩니다. 영원한 나라를 기업으로 얻게 됩니다. 예수님과 같이 상속자로서 영광을 얻게 됩니다. 영원토록 왕 노릇하는 자리에 이르게 됩니다.

　우리의 믿음이 진짜 믿음이라면 우리의 믿음은 영원한 것에 초점을 맞추게 됩니다. 이 땅에 살지만 영원한 하나님의 나라에 초점을 맞추게 됩니다. 잃어버려서는 안 될 영원한 깃을 붙잡게 됩니다. C.S. 루이스는 그리스도인들이 왜 영원한 세계에 소망을 두고 살아야 하는지에 대해 다음과 같이 기록하고 있습니다.

> 영원한 세계를 계속 바라보는 일은 도피주의나 몽상의 한 형태(어떤 현대인들의 생각처럼)가 아니라 그리스도인이라면 마땅히 가져야 할 자세 중 하나라는 것입니다.
> 소망을 가진다는 것은 눈에 보이는 이 세상을 떠난다는 뜻이 아닙니다. 역사를 더듬어 보면, 이 세상을 위해 가장 많이 일한 그리스도인들은 바로 다음 세상에 가장 많이 생각했던 이들이었음을 알게 됩니다. 로마 제국이 기독교 국가로 전환하는데 토대를 놓은 사도들이나 중세를 확립한 위대한 인물들, 노예 제도를 폐지시킨 영국의 복음주의자들이 지구상에 이 모든 흔적을 남길 수 있었던 것은 그들의 마음이 천국에 사로잡혀 있었기 때문입니다. 그러나 대부분의 그리스도인들이 다음 세상에 대해 더 이상 생각하지 않게 되면서, 기독교는 세상에서 그 힘을 잃고 말았습니다.
> 천국을 지향하면 세상을 '덤으로' 얻을 것입니다. 그러나 세상을 지향하면 둘 다 잃을 것입니다. C.S. 루이스, 「순전한 기독교」, 홍성사, 211-212쪽

우리의 기도가 이 세상에 있는 것들로 충만하다면 영원한 세계를 바라볼 수 없습니다. 하지만 우리가 영원한 세계를 바라보며 하나님의 나라와 의를 구한다면, 이 세상에서 필요한 것들을 덤으로 얻게 될 것

입니다.

기도하면 우리의 눈이 열려 마지막을 보게 됩니다. 하나님의 궁극적인 승리를 보게 됩니다. 영원한 하나님의 나라와 그 나라에서 받게 될 상급을 보게 됩니다. 그때 우리는 하나님을 찬양하게 됩니다. 바울은 빌립보에서 귀신들린 여종을 구해 주다가 매를 맞아 상처투성이인 채로 감옥에 들어갔습니다. 깊은 감옥, 깊은 밤에 바울과 실라는 하나님을 찬양했습니다. 어떻게 그것이 가능했을까요? 천국을 보았기 때문입니다. 천국에서 그들을 지켜 보시고 격려하시는 예수님을 보았기 때문입니다. 감옥 저 너머에 있는 천국의 영광을 보았기 때문입니다. 하박국 선지자의 열망이 우리의 영원한 열망이 되기를 바랍니다.

"이는 물이 바다를 덮음 같이 여호와의 영광을 인정하는 것이 세상에 가득함이니라"합 2:14.

모든 기도는 '아멘'으로 끝나야 합니다

"나라와 권세와 영광이 아버지께 영원히 있사옵나이다 아멘"마 6:13.

주기도문의 마지막은 '아멘'입니다. '아멘'은 히브리어에서 나왔습니다. 긍정을 나타내는 말입니다. '진실로'라는 뜻입니다. '참으로'라는 뜻입니다. 아멘은 예수님의 이름이요, 그분이 진실하신 분임을 말해 줍니다.

"라오디게아 교회의 사자에게 편지하라 아멘이시요 충성되고 참된 증인이시요 하나님의 창조의 근본이신 이가 이르시되"계 3:14.

예수님께서 "진실로 진실로 너희에게 이르노니"라고 말씀하실 때에 "진실로 진실로"는 "아멘 아멘"을 번역한 것입니다. 아멘은 확신을 의미합니다. "그렇게 되기를 소원합니다. 그렇게 될 줄로 믿습니다." 기도 끝에 사용될 때는 "기도한 대로 이루어지길 원합니다"라는 뜻입니다.

그리스도인들에게 '아멘'은 기도한 것이 응답될 것을 믿는다는 것을 의미합니다. '아멘' 속에는 하나님의 능력을 믿는 믿음이 담겨 있습니다. 하나님은 전능하시고 좋으신 아버지이기 때문에 우리가 간구한 것을 응답해 주실 것을 믿는 믿음이 포함되어 있습니다. 우리는 기도할 때, 믿음으로 구해야 합니다.

"너희가 기도할 때에 무엇이든지 믿고 구하는 것은 다 받으리라 하시니라"마 21:22.

여기에 더 놀라운 '아멘'에 대한 비밀이 있습니다. 그것은 하나님께서는 우리가 구한 것보다 더 좋은 것, 더 풍성한 것을 주신다는 것입니다.

"우리 가운데서 역사하시는 능력대로 우리가 구하거나 생각하는 모든 것에 더 넘치도록 능히 하실 이에게"엡 3:20.

솔로몬은 백성들을 올바로 재판하기 위해 지혜와 지식을 구했습니다. 그때 하나님은 그가 구하지 않은 부요와 재물까지도 덤으로 주셨습니다. 또한 하나님은 우리가 기도할 때에 우리가 구한 것보다 우리에게 꼭 필요하고 적합한 것을 주십니다. 때로 우리는 우리가 구한 것이 무엇을 의미하는지도 모르고 기도할 때가 있습니다. 우리가 필요한 것보다 충동이나 욕심을 따라 구할 때가 있습니다. 그때 하나님 아버지께서는 하나님의 놀라운 지혜를 통해 우리가 충동이나 욕심을 따라 구하는 것보다 필요한 것을 주시는 것을 보게 됩니다.

짧고 작은 '아멘'이라는 단어 속에는 엄청난 진리가 담겨 있습니다. 우리는 너무 함부로 아멘을 남발할 때가 있습니다. 우리가 아멘을 할 때, 하나님의 약속이 그리스도 안에서 우리의 것이 된다는 것을 기억하십시오. 또한 아멘을 통해 우리가 하나님께 영광을 돌리게 된다는 것을 기억하십시오.

"하나님의 약속은 얼마든지 그리스도 안에서 예가 되니 그런즉 그로 말미암아 우리가 아멘 하여 하나님께 영광을 돌리게 되느니라"
고후 1:20.

주기도문은 짧지만 놀라운 기도문입니다. 우리는 주기도문을 통해 정말로 많은 것을 배웠습니다. 무엇보다 하나님을 더욱 깊이 알게 되었습니다. 하나님 아버지는 좋으신 아버지이고, 우리는 그분의 자녀입니다. 우리는 주기도문을 통해 하나님의 나라, 하나님의 뜻을 배웠습니다. 우리에게 필요한 일용할 양식을 주시는 하나님, 용서를 베푸시고 용서하도록 권면하시는 하나님, 우리를 유혹과 악으로부터 보호하시는 하나님을 배웠습니다.

주기도문을 마치면서 우리는 하나님께 송영을 올려 드리게 되었습니다. 하나님을 찬양함으로 기도를 마치게 되었습니다.

"대개 나라와 권세와 영광이 아버지께 영원히 있사옵나이다 아멘"마 6:13.

이 찬양은 우리가 날마다 드릴 찬양입니다. 또한 우리가 마지막 숨을 거두고 천국으로 들어갈 때에 하나님께 올려 드릴 찬양합니다.

주기도문을 아는 것만으로 결코 만족하지 마십시오. 주기도문을 가르쳐 주시는 예수님을 알고 그분을 경험하고 사랑하고 바라보십시오. 예수님의 영광을 바라보는 가운데 그분의 형상을 닮아가십시오. 예수님의 영광의 광채를 받아 그 영광을 반사함으로 하나님께 영광을 돌리십시오. 주기도문을 통해 더욱 깊은 기도 속으로 들어가시길 바랍니다.

주기도문은 하나님의 마음입니다

초판발행 • 2016년 7월 15일
2쇄발행 • 2016년 11월 10일

지은이 • 강준민
발행인 • 임용수
대표 • 조애신
책임편집 • 설지원
편집 • 이소정
디자인 • 임은미
마케팅 • 전필영
온라인마케팅 • 고태석
경영지원 • 김정희, 조창성

발행처 • 도서출판 토기장이
주소 • 서울시 마포구 망원로 26 토기장이 B/D 3F
출판등록 • 1990년 10월 11일 제2-18호
대표전화 • (02) 3143-0400
팩스 • (02) 3143-0646
E-mail • tletter@hanmail.net
www.facebook.com/togijangibook

ISBN 978-89-7782-359-4

값 13,000원

"우리는 진흙이요 주는 토기장이시니
 우리는 다 주의 손으로 지으신 것이라"
          (이사야 64:8)

「이 도서의 국립중앙도서관 출판예정도서목록(CIP)은 서지정보유통지원시스템 홈페이지(http://seoji.nl.go.kr)와 국가자료공동목록시스템(http://www.nl.go.kr/kolisnet)에서 이용하실 수 있습니다.(CIP제어번호: CIP2016015407)」